COURS COMPLET

DE

COMPTABILITÉ COMMERCIALE

EN PARTIE SIMPLE ET PARTIE DOUBLE

ERRATA

Page 104, huitième ligne, au lieu de 1440, lisez 1440 40, et au total, 17789 40.

Page 116, dernière ligne, au lieu de 33363 33, lisez 31229 80.

COURS COMPLET

DE

COMPTABILITÉ COMMERCIALE

THÉORIQUE ET PRATIQUE

PARTIE SIMPLE ET PARTIE DOUBLE

précédé

D'UNE EXPLICATION SUR LES DIVERS TITRES DE COMMERCE ET SUIVI D'UN
VOCABULAIRE D'ARTICLES D'ÉCRITURES, AINSI QUE D'UN APPENDICE
TRAITANT DE LA COMPÉTENCE DES TRIBUNAUX DE COMMERCE,
DES DROITS ET DEVOIRS DU PORTEUR DE LETTRES DE
CHANGE ET BILLETS A ORDRE ET DE LEUR
PRESCRIPTION; D'UN MODÈLE DE BORDEREAU
DE CRÉANCE A PRODUIRE DANS UNE
FAILLITE; D'UN MODÈLE D'ACTE
DE SOCIÉTÉ EN NOM COLLECTIF,
ET, ENFIN, D'UNE NOTE
SUR LE CHÈQUE ET LA
CORRESPONDANCE
COMMERCIALE

par

ARMAND BOISSONNET

Prix relié : 1 fr. 50

BORDEAUX

IMPRIMERIE DUVERDIER ET Cie (DURAND, DIRECTEUR)
rue Gouvion, 7.

1874

*A Messieurs les Membres de la Chambre de commerce
de Bordeaux.*

Messieurs,

Né dans un département bien éloigné de la Gironde, mais Bordelais par le cœur, je suis heureux de soumettre à vos lumières le fruit de quelques veilles que j'ai consacrées à rendre plus facile, aux jeunes gens qui se vouent au commerce, l'étude de la comptabilité commerciale.

Si vous daignez, Messieurs, accueillir favorablement cet essai de mes faibles moyens, votre bienveillance sera la plus agréable récompense que je puisse attendre.

Je suis avec le plus profond respect, Messieurs, votre très-humble et très-dévoué serviteur,

Armand BOISSONNET.

Bordeaux, le 30 septembre 1873.

AVANT-PROPOS

Depuis 1790, les traités de comptabilité ont été multipliés à l'infini, et les auteurs de ces ouvrages, sous prétexte de donner les théories les plus complètes, des exemples clairement établis, ont fait de longues dissertations dont le moindre inconvénient est de ne présenter aucune utilité pratique.

Quelques citations empruntées à plusieurs de ces ouvrages permettront au lecteur de juger par lui-même, si nos observations sont ou non fondées.

Dans un traité signé X..., on lit, p. 5, ch. I :

« La comptabilité, soit en partie simple, soit en partie double, est l'art de tenir les livres suivant les règles généralement établies. »

Cette définition, bien que très-singulière, pourrait avoir du bon, si, dans le cours de l'ouvrage, l'auteur avait eu le soin de faire connaître ces règles d'une manière claire et précise; mais, au lieu de cela, il suit le fil de ses dissertations à perte de vue et arrive à dire, p. 67, ch. IX :

« Les comptes généraux, au nombre de cinq, sont établis pour déterminer les choses et marquer le rôle qu'elles jouent dans l'ensemble des opérations. »

Ainsi, cher lecteur, te voilà bien fixé maintenant;

car tu sais, de par ce maître, que la comptabilité est l'art de tenir les livres suivant les règles généralement établies; qu'il y a cinq comptes généraux pour déterminer les choses et marquer le rôle qu'elles jouent dans l'ensemble des opérations, etc., etc.; mais si tu t'avises de chercher les prétendues règles, si tu t'avises encore de vouloir comprendre pourquoi et comment il n'y a que cinq comptes généraux, et pourquoi enfin ces cinq comptes sont ainsi appelés, tu sera indubitablement conduit dans un labyrinthe d'où tu ne pourras plus sortir.

Dans un autre traité signé X..., on lit, p. 29, ch. III :

« Les comptes généraux sont le complément direct de ce mécanisme, à l'aide duquel le commerçant établit le net de sa position, etc., etc. »

Il nous serait facile de multiplier des citations sur ces abondantes stérilités, mais comme cela nous conduirait trop loin, nous aimons mieux rentrer de suite dans la question des vrais principes.

La comptabilité, à notre avis, est plutôt une science de raisonnement qu'un art; nous disons une science, parce que toutes les règles qui la régissent sont uniques, et que, conséquemment, il n'y a pas deux manières de passer un article, et cela est d'autant plus vrai, que la base fondamentale repose sur *Doit* et *Avoir*, ou *Débit* et *Crédit.* Ce principe posé, on arrive de suite à l'application, laquelle entraîne virtuellement avec elle la création de sept comptes de choses, dits *Comptes généraux* qui, par leur corrélation plus ou moins directe, représentent l'état d'une

Maison, et c'est encore par suite de cette même corrélation que tous les articles passés dans la forme de la partie double sont des articles composés, parce qu'il y a toujours deux comptes en présence l'un de l'autre. Ainsi, l'on écrira : *Marchandises générales à Paul, Paul à Caisse, etc., etc.* Donc, ces principes posés, la pratique est des plus simples : il suffit de ne pas perdre de vue que tous les articles étant composés, un compte quelconque ne peut donner ou fournir qu'autant qu'un autre compte reçoit.

Supposons, par exemple, que nous achetons 1,000 fr. de marchandises à Paul : qui est-ce qui donne? C'est Paul, Paul est donc le compte créditeur. Qui est-ce qui reçoit? Le compte de marchandises générales. Donc, le compte de marchandises est le compte débiteur.

Afin de donner à notre traité le plus d'intelligibilité possible, nous avons pensé de dresser certains comptes de personnes et de choses, lesquels, chez des esprits jeunes ou peu exercés, présentent des difficultés sans nombre.

Puisse notre entreprise remplir le but que nous nous sommes proposé, celui de démontrer que la comptabilité n'a rien d'abstrait ni de métaphysique, et que le moindre raisonnement suffit pour s'en rendre un compte exact.

DES TITRES DE COMMERCE

QUESTIONNAIRE

D. *Qu'entend-on par titres de commerce?*

R. On entend par titres de commerce, des billets représentant une valeur quelconque, et dont le payement est exigible à une époque déterminée.

D. *Pourquoi les qualifie-t-on de titres de commerce?*

R. On les qualifie de titres de commerce, parce qu'on ne les souscrit qu'à suite d'une opération commerciale.

D. *Quels sont ces titres?*

R. La lettre de change, le billet à ordre et le mandat.

D. *Qu'est-ce que la lettre de change (¹)?*

R. La lettre de change est un contrat par lequel un négociant cède les fonds qu'il possède dans un autre pays (²).

(¹) La lettre de change entraîne encore la contrainte par corps dans les possessions que nous avons dans l'Inde, le Sénégal, la Cochinchine et la Nouvelle-Calédonie.

(²) Donc la lettre de change doit être tirée d'une ville sur une autre ville.

D. *Quelles sont les conditions nécessaires à la confection de la lettre de change?*

R. La lettre de change doit être datée du jour même de la souscription ; le tireur doit y exprimer si elle est souscrite par 1re, 2me, 3me, etc., de change, et faire connaître la valeur qui en motive la souscription.

D. *Donnez-moi la formule d'une lettre de change?*

R.   Paris, le 4 septembre 18..   B. P. F.   1000

Au trente novembre prochain, il vous plaira payer sur cette première de change, à mon ordre, la somme de *mille francs,* valeur reçue en espèces, que passerez suivant mon avis du premier courant.

LECLERC.

A Monsieur Bernard,
14, rue Tupin,
        Lyon (Rhône).

D. *Si le corps de la lettre de change n'est pas écrit de la main du tireur* ([1]), *comment celui-ci doit-il signer?*

R. Le tireur doit écrire en toutes lettres : *bon pour la somme de.....* (il exprime la somme que porte la lettre de change et signe au-dessous).

D. *Comment peut-on garantir le payement d'une lettre de change?*

R. Par le moyen de l'aval.

D. *Qu'est-ce que l'aval?*

R. L'aval est une sorte d'engagement pris par un

([1]) Le tireur est celui qui cède la lettre de change ; le tiré est celui qui doit la payer.

tiers qui se rend solidaire du montant de la lettre de change, et cela sans que le porteur ait besoin, à défaut de payement le jour de l'échéance, de la faire protester pour conserver cette garantie.

D. *Donnez-moi la formule de l'aval?*

R. *Bon pour aval,* et on signe au-dessous.

D. *Sur quelle partie de la lettre de change écrit-on l'aval?*

R. On écrit l'aval à gauche de la signature du tireur.

D. *Comment transmet-on la lettre de change?*

R. La lettre de change se transmet par la voie de l'endossement.

D. *Quelles sont les conditions relatives à l'endossement?*

R. L'endossement doit être daté; il doit exprimer la valeur fournie, c'est-à-dire si c'est valeur reçue comptant, ou en marchandises, ou en compte, ou pour solde. L'endossement doit énoncer le nom de celui à l'ordre de qui il est passé.

D. *Sur quelle partie de la lettre de change écrit-on l'endossement?*

R. L'endossement s'écrit en tête du verso opposé au côté du timbre, et ensuite viennent les autres endosseurs, s'il y en a.

D. *Donnez-moi la formule de l'endossement?*

R. Payez à l'ordre de M. Laffont, valeur reçue comptant.

Paris, le 10 juillet 18...

LECLERC.

D. *Qu'est-ce que le billet à ordre?*

R. Le billet à ordre est un engagement direct du débiteur à l'égard de son créancier.

D. *Donnez-moi la formule du billet à ordre?*

R.   Paris, le 10 juillet 18...   B. P. F. 500

Au vingt octobre prochain, je payerai à M. Leclerc, ou à son ordre, la somme de *cinq cents francs*, valeur reçue en marchandises.

                      JACQUES.

A mon domicile,
14, rue Tupin,
  Lyon.

D. *Si le corps du billet n'est pas écrit de la main du souscripteur, comment celui-ci doit-il signer?*

R. Le souscripteur doit écrire en toutes lettres : *bon pour la somme de*..... (il exprime la somme que porte le billet et signe au-dessous).

D. *Comment transmet-on le billet à ordre?*

R. Le billet à ordre se transmet, comme la lettre de change, par la voie de l'endossement.

D. *Qu'est-ce que le mandat?*

R. Le mandat est un simple billet par lequel le créancier fournit sur son débiteur après lui en avoir préalablement donné avis.

D. *Donnez-moi la formule du mandat (¹)?*

(¹) Comme le mandat est un simple billet, il peut être signé par procuration.

R.　　　Paris, le 20 août 18...　　　B. P. F. 200

Au trente novembre prochain, veuillez payer sur ce présent mandat, à mon ordre, la somme de *deux cents francs,* valeur en compte que passerez suivant mon avis du 15 ct.

LECLERC.

A Monsieur Georges,
11, rue Notre-Dame,
　　Bordeaux.

D. *Comment transmet-on le mandat?*

R. Le mandat se transmet par la voie de l'endossement, ainsi que l'on transmet la lettre de change et le billet à ordre.

DE LA TENUE DES LIVRES EN GÉNÉRAL

INTRODUCTION

D. *Qu'est-ce que la tenue des livres?*

R. La tenue des livres est l'art d'inscrire sur tel et tel registre, toutes les opérations que fait une maison de commerce.

D. *Sur quoi repose la base fondamentale de la tenue des livres?*

R. La base fondamentale de la tenue des livres repose sur *Doit* et *Avoir*, ou *Débit* et *Crédit*.

D. *Qu'entend-on par compte dans la tenue des livres?*

R. On entend par compte dans la tenue des livres, le relevé général des opérations qu'on a faites avec tels ou tels individus, ou au sujet de telles ou telles choses.

D. *Qu'est-ce que le* débit *d'un compte?*

R. Le *débit* d'un compte est le relevé de ce qui vous est dû.

D. *Qu'est-ce que le* crédit *d'un compte?*

R. Le *crédit* d'un compte est le relevé de ce qu'on doit.

D. *Qu'est-ce que* débiter *un compte?*

R. *Débiter* un compte, c'est inscrire tels ou tels objets que l'on prête.

D. *Qu'est-ce que* créditer *un compte?*

R. *Créditer* un compte, c'est inscrire tels ou tels objets qu'on doit.

D. *Que désigne le mot* débiteur?

R. Le mot *débiteur* désigne celui qui doit.

D. *Que désigne le mot* créditeur?

R. Le mot *créditeur* désigne celui à qui il est dû.

D. *Qu'est-ce que* solder *un compte?*

R. *Solder* un compte, c'est rendre le crédit égal au débit; autrement dit, donner l'équivalent de ce qui est dû.

D. *Qu'est-ce que* balancer *un compte?*

R. *Balancer* un compte, c'est établir la différence qui existe entre le débit et le crédit.

DU LIVRE JOURNAL, LIVRES AUXILIAIRES
LEUR CARACTÈRE PARTICULIER

D. *Quels sont les livres que nécessite la tenue en partie double?*

R. Les livres que nécessite la tenue en partie double sont au nombre de neuf, savoir :

1° Un livre-brouillard ou main courante;

2° Un livre-journal;

3° Un livre de caisse;

4° Un livre, dit grand-livre;

5° Un livre d'achats;

6° Un livre de ventes;

7° Un livre répertoire;

8° Un livre de numéro;

9° Un livre d'échéances.

D. *Qu'entend-on par livre brouillard?*

R. On entend par livre brouillard, le livre sur lequel le commerçant inscrit en principe toutes les opérations relatives à son commerce.

D. *Pourquoi ce livre est-il ainsi appelé?*

R. Ce livre est ainsi appelé, parce qu'on peut y opérer des rectifications, des corrections, etc.

D. *Qu'est-ce que le livre-journal?*

R. Le livre-journal est celui sur lequel on reporte, au net et sans blancs, lacunes, ni transports en marge, toutes les opérations déjà passées sur le livre-brouillard.

D. *Pourquoi ce livre est-il appelé journal?*

R. Ce livre est appelé journal, parce qu'il présente, jour par jour, les opérations que fait un commerçant; les bénéfices et les pertes qui résultent de son commerce; ses négociations, acceptations d'effets, et généralement tout ce qui constitue ses dettes, actives et passives.

D. *Qu'entend-on par livre de caisse?*

R. On entend par livre de caisse, le livre sur lequel le commerçant inscrit, et date par date, toutes les sommes qui constituent son capital, en numéraire, ainsi que toutes celles qu'il reçoit, et paye à quelque titre que ce soit.

D. *Qu'entend-on par livre grand-livre?*

R. On entend par grand-livre, le livre sur lequel le commeçant reporte, par ordre de compte d'abord, et par ordre de date ensuite, tous les articles qui sont inscrits sur le livre-journal.

D. *Qu'entend-on par livre d'achats?*

R. On entend par livre d'achats, le livre sur lequel on inscrit toutes les factures qu'on reçoit.

D. *Qu'entend-on par livre de ventes?*

R. On entend par livre de ventes, le livre sur lequel on inscrit toutes les marchandises que l'on vend.

D. *Qu'entend-on par livre-répertoire?*

R. On entend par livre-répertoire, le livre sur lequel le commerçant inscrit, par lettre alphabétique, le nom et le folio du compte qu'il a ouvert au grand-livre.

D. *Qu'entend-on par livre de numéro?*

R. On entend par livre de numéro, le livre sur lequel le commerçant inscrit l'entrée et la sortie, en leur donnant le numéro de la ligne sur laquelle ils sont inscrits, de toute lettre de change, traite, billet à ordre qu'il tire, reçoit ou donne.

D. *Qu'entend-on par livre d'échéances?*

R. On entend par livre d'échéances, le livre sur lequel le commerçant porte, par ordre de mois et de date, tous les payements qu'il a à effectuer.

TENUE DES LIVRES EN PARTIE SIMPLE

D. *Qu'est-ce que tenir les livres en partie simple?*

R. Tenir les livres en partie simple, c'est inscrire, par *Doit* et *Avoir*, toutes les opérations que fait un commerçant.

D. *Quels sont les livres que nécessite la partie simple?*

R. Les livres que nécessite la partie simple sont au nombre de quatre, savoir :

Un livre-journal;

Un livre de caisse;

Un grand-livre;

Un livre d'échéances.

D. *Comment libelle-t-on les articles du journal dans la tenue des livres en partie simple?*

R. Dans la tenue des livres en partie simple, tout article passé au journal doit être précédé du mot *Doit* ou *Avoir*. Ainsi l'on écrira : *Doit* M. Paul de... pour telle chose, ou *Avoir* à Caisse pour, etc., etc.

APPLICATIONS DES PRINCIPES QUI PRÉCÈDENT

——————————— *Du 1er janvier 18..*

DOIT, M. Paul, en ville :

3 kilos huile de lin, à 1 fr. 50 c...

——————————— *Du 2*

AVOIR, à M. Pierre, de Bordeaux :

Pour sa facture du 27 décembre.....

Du 4 janvier 18..

DOIT, M. Pierre, de Bordeaux :
Pour rabais sur la facture du 27 décembre......... 3 80

Du 5

AVOIR, à M. Paul, en ville :
Acquit de sa note, 1er courant................... 4 50

Du 6

DOIT, M. Jacques, de Figeac :
Pour argent prêté............................ 200 »

Du 19

AVOIR, à M. Célestin, de Dijon :
Pour sa facture de ce jour................... 387 »

Du 20

AVOIR, à M. Louis, de Venergue :
Acquit de sa facture du 10 courant............. 19 40

Du 31

DOIT, M. Célestin, de Dijon :
Pour acquit de sa facture 19 courant........... 387 »

Du 31

AVOIR, à M. Paul, en ville :
Acquit à mes factures, 9 et 17 courant......... 31 »

Du 31

DOIT, Caisse, pour les recettes du mois......... 2.742 85

Du 31

AVOIR, à Caisse, pour les dépenses du mois..... 1.248 75

LIVRE DE CAISSE

DOIT				Caisse.		
18..	Janvier	.....	1	Fonds en caisse....................	1000	»
»	»	.....	2	Recette de ce jour.................	47	20
»	»	.....	3	dito dito	40	10
»	»	.....	4	dito dito	51	75
»	»	.....	5	Reçu de M. Paul, en ville.........	4	50
»	»	.....	5	Recette de ce jour.................	31	20
»	»	.....	6	dito dito	27	60
»	»	.....	7	dito dito	71	15
»	»	.....	8	dito dito	37	25
»	»	.....	9	dito dito	73	40
»	»	.....	10	dito dito	61	35
»	»	.....	11	dito dito	28	45
»	»	.....	12	dito dito	67	85
»	»	.....	13	dito dito	41	50
»	»	.....	14	dito dito	22	10
»	»	.....	15	dito dito	117	30
»	»	.....	16	Reçu de M. Jules, en ville........	21	»
»	»	.....	16	Recette de ce jour.................	48	»
»	»	.....	17	dito dito	54	15
»	»	.....	18	Reçu de M. Jacques, de Figeac (argent rendu)....................	200	»
»	»	.....	18	Recette de ce jour.................	39	60
»	»	.....	19	dito dito	36	85
»	»	.....	20	Reçu de M. Louis, de Venerque..	19	10
»	»	.....	20	Recette de ce jour.................	41	95
»	»	.....	21	dito dito	44	05
»	»	.....	22	dito dito	17	60
»	»	.....	23	dito dito	83	20
»	»	.....	24	dito dito	110	15
»	»	.....	25	dito dito	61	30
»	»	.....	26	dito dito	19	80
»	»	.....	27	dito dito	45	10
»	»	.....	28	dito dito	43	15
»	»	.....	29	dito dito	31	05
»	»	.....	30	dito dito	39	40
»	»	.....	31	Reçu de M. Paul, en ville........	31	»
»	»	.....	31	Recette de ce jour.................	34	70
					2742	85
18..	Février	.....	1er	Solde du précédent compte......	1494	10

Caisse. **AVOIR**

18..	Janvier.....	1ᵉʳ	Payé pour le loyer, 1ᵉʳ semestre..	400	»
»	»	7	Pour argent prêté à Jacques......	200	»
»	»	7	Acquit à la T/ Pierre, de Bordeaux.	250	»
»	»	31	Acquit à la T/ Célestin, de Lyon..	387	»
»	»	31	Payé pour menus frais..........	11	75
		31	Solde porté à nouveau..........	1248	75
				1494	10
				2742	85

GRAND-LIVRE

		DOIT	Paul, en ville			
18.. Janvier....	1		Pour ma facture de ce jour...	(¹)	4	50
» »	9		dito. dito. ...		22	»
» »	17		dito. dito. ...		9	»
					35	50

		DOIT	Pierre, de Bordeaux		
18.. Janvier....	4		Pour rabais sur sa factre du 2 ct.	3	80
» »	7		Pour acquit à sa traite.......	250	»
				253	80

		DOIT	Jacques, de Figeac		
18.. Janvier....	6		Pour argent que je lui ai prêté.	200	»

		DOIT	Jules, en ville		
18.. Janvier....	8		Pour ma facture de ce jour...	21	»

		DOIT	Louis, de Venergue		
18.. Janvier....	10		Pour ma facture de ce jour...	19	10

		DOIT	Célestin, de Dijon		
18.. Janvier....	31		Pour acquit à la factre du 19 ct.	387	»

		DOIT	Caisse		
18.. Janvier....	31		Recettes du 1er jusqu'à ce jour.	2742	85

(¹) Cette colonne sert à inscrire le folio du journal.

Paul, en ville   AVOIR

18..	Janvier....	5	Pour sa remise espèces......	(1)	4	50
»	»	31	dito dito		31	
					35	50

Pierre, de Bordeaux   AVOIR

18..	Janvier....	2	Pour sa factre du 27 décembre.		253	80

Jacques, de Figeac   AVOIR

18..	Janvier....	18	Pour argent qu'il m'a rendu..		200	»

Jules, en ville   AVOIR

18..	Janvier....	16	Pour sa remise espèces.......		21	»

Louis, de Venergue   AVOIR

18..	Janvier.....	20	Pour sa remise espèces.......		19	10

Célestin, de Dijon   AVOIR

18..	Janvier....	19	Pour sa facture de ce jour....		387	»

Caisse   AVOIR

18..	Janvier....	31	Dépenses du 1er jusqu'à ce jour.		1248	75
			Solde porté à nouveau.......		1494	10
					2742	85

CARNET D'ÉCHÉANCES

18.. **Janvier** 18..	18.. **Juillet** 18..
1er, payer le loyer... 400	
7, payer la T/ de Pierre 250	
31, payer la T/ Célestin. 387	

18.. **Février** 18..	18.. **Août** 18..

18.. **Mars** 18..	18.. **Septembre** 18..

18.. **Avril** 18..	18.. **Octobre** 18..

18.. **Mai** 18..	18.. **Novembre** 18..

18.. **Juin** 18..	18.. **Décembre** 18..

INVENTAIRE POUR LA PARTIE SIMPLE

Comme dans la tenue des livres en partie simple, il n'y a pas d'autres comptes généraux ou de choses que celui de caisse, parce que tout se réduit à *Doit* un tel ou à *Avoir* un tel ; on arrête simplement tous les comptes au grand-livre, et, cette opération terminée, l'on a une feuille sur laquelle est écrit en tête : *Doit* et *Avoir*.

Sur la colonne du *Doit*, vous portez, en le détaillant, tout ce que vous devez.

Sur la colonne de l'*Avoir*, vous portez : 1° tout ce qui vous est dû ; et 2° tout ce qui vous reste en marchandises et en argent ; vous faites l'addition du *Doit* et de l'*Avoir*, et la différence qui existe de l'une à l'autre addition établit l'actif ou le passif commercial du négociant.

TENUE DES LIVRES EN PARTIE DOUBLE

De la définition de la tenue des livres en partie double
et des comptes généraux qu'elle renferme.

D. *Qu'entend-on par tenue des livres en partie double?*

R. On entend par tenue des livres en partie double, l'inscription générale de toutes les opérations que fait une maison de commerce, opérations qui se résument et se totalisent à l'aide de sept comptes généraux.

D. *Qu'entend-on par comptes généraux?*

R. On entend par compte généraux, les comptes que l'on ouvre aux choses, lesquels, par leur corrélation plus ou moins directe, représentent (¹), seuls, l'état de fortune d'une maison.

D. *Combien y a-t-il de comptes généraux dans la tenue des livres en partie double?*

(¹) Les sept comptes généraux représentent, *seuls*, l'état de fortune d'un commerçant, parce que tous les comptes de personnes débiteur et créditeur viennent se fondre, si je puis employer le mot, dans les comptes généraux, l'un pour un article de caisse, l'autre de marchandises, l'autre d'effets à payer ou à recevoir, etc., etc.

R. Dans la tenue des livres en partie double, il y a sept comptes généraux, savoir :

1° Le compte de capital ;

2° Le compte de caisse ;

3° Le compte de marchandises générales ;

4° Le compte d'effets à payer ;

5° Le compte d'effets à recevoir ;

6° Le compte de profits et pertes ;

7° Le compte de frais généraux.

D. *Qu'entend-on par compte de capital ?*

R. On entend par compte de capital, le compte qui sert à déterminer la fortune du commerçant.

D. *Qu'entend-on par compte de caisse ?*

R. On entend par compte de caisse, le compte sur lequel on inscrit tout ce qui est article argent.

D. *Qu'entend-on par compte de marchandises générales ?*

R. On entend par compte de marchandises générales, le compte sur lequel on inscrit l'entrée et la sortie de toute espèce de marchandise.

D. *Qu'entend-on par compte d'effets à payer ?*

R. On entend par compte d'effets à payer, le compte sur lequel le commerçant inscrit les valeurs dont il est lui-même souscripteur.

D. *Qu'entend-on par compte d'effets à recevoir ?*

R. On entend par compte d'effets à recevoir, le compte sur lequel le commerçant inscrit l'entrée et la sortie de tous billets à ordre, lettres de change, chèques, etc., souscrits en sa faveur.

D. *Qu'entend-on par compte de profits et pertes ?*

R. On entend par compte de profits et pertes, le

compte sur lequel le commerçant inscrit les bénéfices, pertes et frais résultant de son commerce.

D. *Qu'entend-on par compte de frais généraux* (1)?

R. On entend par compte de frais généraux, le compte sur lequel le commerçant inscrit les dépenses obligatoires de sa maison, telles que loyers, patentes, frais d'employés, etc.

---

(1) Le compte de frais généraux étant, à l'inventaire, soldé par profits et pertes, nous sommes pour la suppression de ce compte, parce qu'en définitive il n'a pas d'autres fonctions que celle de multiplier les écritures.

<h1 align="center">COMPTE COURANT D'INTÉRÊTS</h1>

REMARQUE. — *Il ne faut pas confondre le compte courant d'intérêts avec le compte d'intérêts proprement dit.*

On appelle compte courant d'intérêts, le compte que deux commerçants en relations d'affaires tiennent de leur DOIT et AVOIR mutuels. Ce compte n'est donc qu'un compte ordinaire auquel on ajoute simplement deux colonnes pour inscrire les nombres.

On appelle nombre, dans l'espèce, le produit de la multiplication d'une somme par le temps qu'elle a couru. Lorsqu'on arrête un compte courant d'intérêts, l'on fait l'addition des nombres, et l'on opère ensuite la règle d'intérêt.

DOIT — M. Paul, de Villefranche, à M. Pierre, de Lyon, S/ C/ C¹ d'intérêts, à 6 pour °/₀ l'an, arrêté au 31 mars 18.. — AVOIR

ANNÉES	MOIS	DATE		FR.	C.	NOMBRES	ANNÉES	MOIS	DATE		FR.	C.	NOMBRES
18..	Janvier.	10	à Caisse, ma remise espèces.	1200	»	96000	18..	Janvier.	1	Par effets à recevoir son bordereau......	500	»	44500
»	Mars...	7	à Caisse.................	600	»	14400	»	dito...	20	» » » ...	400	»	28000
							»	Mars...	5	» » » ...	600	»	15600
				1800	»	110400					1500	»	88100
»	Mars...	31	à Profits et Pertes........	18	40	»	»	Mars...	31	Par Profits et Pertes, intérêts	14	70	
				1818	40						1514	70	
			Solde au 31 mars....	503	70					Solde pour balance...	303	70	
											1818	40	

COMPTE D'INTÉRÊTS

On appelle *Compte d'intérêts*, le compte sur lequel une maison inscrit tous les intérêts qu'elle paye ou reçoit.
Le compte d'intérêts se solde par *Profits et Pertes*.

REMARQUE. — Si les articles d'intérêts ne se présentent qu'à de rares intervalles, au lieu de leur ouvrir un compte spécial, on les passera par profits et pertes. Voyez page 32.

EXEMPLE :

COMPTE D'INTÉRÊTS

DOIT						AVOIR			
18.. Janvier..	2	à Louis, de Troyes, pour intérêts sur mon bordereau du 15 novembre......................	(¹) (²)	37	85	18.. Mars....	1	Par Guiches, de Paris, intérêts sur mon avance de fonds du 31 décemb.	(¹) (²)	27	80
» Février..	17	à Divers, suivant détail au journal.	»	149	20	» Juin....	6	Par Divers, suivant détail au journal.	»	83	10
» Juillet ...	31	à Léonard, intérêt de 1,000 fr. pour 90 jours à 6 °/₀ l'an.......	»	15	»					110	90
				202	05			Par Profits et Pertes (³), solde au 31 décembre 18..............	»	91	15
										202	05

(¹) On écrit dans cette colonne le folio du livre-journal.

(²) Sur le livre-brouillard on écrirait :

Compte d'intérêts à Louis, de Troyes :

Pour intérêts sur mon bordereau du 15 novembre, 37 fr. 85.

(³) Sur le livre-brouillard on écrirait :

Le 31 décembre 18..

PROFITS ET PERTES à COMPTE D'INTÉRÊTS :

Pour balance à ce jour, 91 fr. 15.

(³) Sur le livre-brouillard on écrirait :

Le 18 mars 18..

Guiches, de Paris, à *Compte d'intérêts* :

Pour intérêts sur mon avance de fonds du 15 décembre, 27 fr. 80.

COMPTE DE MARCHANDISES EN CONSIGNATION OU COMMISSION

On appelle *Compte de Marchandises en consignation ou commission,* le compte sur lequel une maison inscrit toutes les marchandises qu'elle envoie en consignation ou commission, car le consignataire ne les doit que lorsqu'il les a vendues, ou qu'il déclare les garder pour son compte personnel. De là, la nécessité d'ouvrir un compte de marchandises en consignation ou commission, chez tels ou tels,

Ce compte doit être débité : 1° de la valeur de la marchandise; 2° des frais qu'elle occasionne; et 3° de la commission due au consignataire.

Il doit être crédité par Divers qui sont tels ou tels acheteurs, ou par Caisse si la marchandise est vendue au comptant, ou par le consignataire s'il déclare la garder pour son compte personnel.

La différence qui détermine la perte ou le gain, se solde par *Profits* et *Pertes.*

EXEMPLE :

DOIT		MARCHANDISES EN CONSIGNATION CHEZ PAUL, A PARIS				AVOIR	
18.. Janvier...	7	à Marchandises générales, suivant facture de ce jour.....	»	783	15		
» »	7	à Caisse, frais d'expédition à ladite marchandise.....................	»	6	85		
» Mars.....	31	à Profits et Pertes, commission 2 p. °/₀ sur 783 fr. 15..........	»	15	65		
				805	65		
31.. Mars....	»	à Profits et Pertes, solde.........		95	»		
				900	65		

AVOIR					
18.. février...	5	Par Louis, de Beauvais, suivant facture de ce jour...............	»	201	80
» Mars....	15	Par caisse, vente au comptant.....	»	307	05
» Mars....	31 ½	Par Louis, de Paris, suivant sa lettre de ce jour..................	»	391	80
				900	65

Sur le livre-brouillard on écrirait :

Le 6 janvier 18..

Marchandises en consignation à Marchandises générales :

Pour celles expédiées ce jour à M. Paul, de Paris, 783 fr. 15.

Sur le livre-brouillard on écrirait :

Le 5 février 18..

Louis, de Beauvais, à *Marchandises en consignation* .

Suivant facture de ce jour, 201 fr. 80.

COMPTE DE COMMISSIONS

On appelle *Compte de commissions*, le compte sur lequel une maison inscrit toutes les commissions qu'elle paye ou reçoit.

Le compte de commissions se solde par *Profits et Pertes*.

REMARQUE. — Si les articles de commissions ne se présentent qu'à de rares intervalles, au lieu de leur ouvrir un compte spécial, on les passe par *Profits et Pertes*. Voyez page 66.

EXEMPLE :

COMPTE DE COMMISSIONS

DOIT							AVOIR					
18.. Mars....	31	à Louis, représentant, 2 p. °/₀ de commission sur 27,940 fr. 50...	»	558	80	18.. Mai.....	14	Par Louis, représentant, pour transit à 100 tonnes soufre...........	»	10	»
» Mars....	31	à Divers, suivant détail au journal.	»	185	70			Par Profits et Pertes, solde au 30 juin..	»	1779	25
» Juin....	31	à Jacques, pour commission et courtage à 3 fûts nitre..........	»	2	15						
» Juin....	30	à Divers, suivant détail au journal..	»	1042	60						
				1789	25					1789	25

Sur le livre-brouillard on écrirait :

Le 31 mars 18..

Compte de commissions à Louis, de Bordeaux :

Pour 2 p. °/₀ de commission sur 27,940 fr. 50, 558 fr. 80.

Sur le livre-brouillard on écrirait :

Le 18 mai 18..

Louis, de Bordeaux, à *Compte de commissions* :

Pour transit à 100 tonnes soufre, 10 fr.

COMPTE DE MARCHANDISES

EN SOCIÉTÉ, OU EN PARTICIPATION, OU DE COMPTE

Avec tels ou tels, à 1/2, 1/3, 3/4, 1/4, 1/8, etc., pour 0/0

On appelle *Compte de Marchandises en société*, celui qu'on ouvre à l'occasion d'une opération particulière que l'on fait en société avec un ou plusieurs de ses correspondants, parce qu'il représente l'opération dans tout son ensemble, c'est-à-dire la société.

REMARQUE. — Le compte de Marchandises en société né s'ouvre que chez celui qui est tenu de rendre compte de l'opération ; les autres ne passent écriture que de la part qui les concerne, et cela dans la forme ordinaire de l'achat et vente de marchandises.

Celui qui est tenu de rendre compte de l'opération doit, d'abord, ouvrir un compte particulier à chaque intéressé, pour déterminer la part qu'il prend dans l'opération ; sa part, à lui, il la passe par Marchandises générales. Cela fait, il ouvre le compte de Marchandises en société qui, ainsi que nous le disons plus haut, représente l'opération dans son ensemble.

Le compte de chaque intéressé doit être débité de la part qu'il prend dans l'opération, soit par Caisse si la marchandise est achetée au comptant, soit par le compte du vendeur si elle est achetée à terme, et crédité par Marchandises en société, de la part qui lui revient. La différence existant entre le débit et le crédit est le bénéfice ou la perte que présente l'opération.

Le compte de Marchandises en société doit être débité : 1º de tous les frais occasionnés par la marchandise; 2º par *Profits* et *Pertes* pour sa commission de vente, et 3º par Divers qui sont les intéressés, il doit être crédité par Caisse si la marchandise est vendue au comptant, ou par le compte de tels et tels individus si elle est vendue à terme.

Supposons que la maison Girard, de Paris, ait acheté, en société avec M. Louis, de Bordeaux, et M. Paul, du Havre, 9,000 kilog. sel de soude dont elle a à rendre compte; que la vente de cette marchandise ait produit 1,200 fr. de bénéfice, et qu'elle ait occasionné 300 fr. de frais, soit 200 fr. pour le transport et 100 fr. pour la commission de vente, nous écrivons sur le journal :

—————— Le 6 janvier 18.. ——————

Divers à Caisse, 9,000 fr., pour achat de 30 boucauts de sel de soude, de compte à 1/3 avec les suivants :

Louis, de Bordeaux, pour son 1/3 dans l'achat. . .	3000	
Paul, du Havre, pour son 1/3 dans l'achat. . . .	3000	
Marchandises générales pour mon 1/3 dans l'achat.	3000	9000

—————— Le 20 janvier 18.. ——————

Marchandises en société avec Louis et Paul, compte à 1/3, à Caisse. Frais à 30 boucauts sel de soude. . . . . . . | 200

—————— Le 25 février 18.. ——————

Caisse à Marchandises en société, compte à 1/3, avec Louis et Paul, pour vente de 30 boucauts sel de soude. . . | 10200

—————— Le 25 février 18.. ——————

Marchandises en société, avec Louis et Paul, compte à 1/3, à Profits et Pertes, ma commission de vente sur 30 boucauts sel de soude. . . . . | 400

—————— Le 25 février 18.. ——————

Marchandises en société avec Louis et Paul, compte à 1/3, à Divers :

A Louis, pour la part lui revenant à raison de 1/3 net.	3300	
A Paul, pour la part lui revenant, à raison de 1/3 net.	3300	
A Marchandises générales, rentrée de mon débours d'achat.	3000	
A Profits et Pertes, pour mon bénéfice à raison de 1/3.	300	9900

— 44 — Sur le grand-livre : — 45 —

M. Louis, de Bordeaux.

DOIT				AVOIR			
18.. Janvier..	6	à Caisse, pour son tiers dans l'achat, sel de soude................	» 5000 »	18.. Février..	25	Par Marchandises en société, pour son tiers net................	» 5300 »

M. Paul, du Havre.

DOIT				AVOIR			
18.. Janvier..	6	à Caisse, pour son tiers dans l'achat, sel de soude................	» 5000 »	18.. Février..	25	Par Marchandises en société, pour son tiers net................	» 5300 »

Marchandises générales.

DOIT				AVOIR			
18.. Janvier..	6	à Caisse, pour mon tiers dans l'achat, sel de soude................	» 5000 »	18.. Janvier..	25	Par Marchandises en société, rentrée de mes débours................	» 5000 »

Caisse.

DOIT				AVOIR			
18.. Février..	25	à Marchandises en société, pour vente de 30 boucauts sel de soude.....	» 10200 »	18.. Janvier..	6	Par Divers, suivant détail au journal.	9000 »
				» dito.	20	Par Marchandises en société, frais à 30 boucauts sel de soude........	200 »

Marchandises en société à 1/3 avec Louis, de Bordeaux, et Paul, du Havre.

DOIT				AVOIR			
18.. Janvier..	20	à Caisse, frais à 30 boucauts sel de soude........................	» 200 »	18.. Février..	25	Par Caisse, suivant détail au journal.	» 10200 »
» Février..	25	à Profits et Pertes, pour ma commission de vente sur 30 boucauts....	» 100 »				
» dito.	25	à Divers, suivant détail au journal.	» 9900 »				
			10200 »				10200 »

Profits et Pertes.

DOIT				AVOIR			
				18.. Février..	25	Par Marchandises en société, pour ma commission de vente...........	» 100 »
				» dito.	25	Par Marchandises en société, pour mon tiers de bénéfice net........	» 300 »

COMPTE DE DÉPENSES PERSONNELLES

Ce compte est ainsi appelé, parce qu'il présente d'un coup d'œil, par ordre de date et de mois, toutes les dépenses qui sont personnelles au négociant. On le solde à l'inventaire par *Profits* et *Pertes*.

REMARQUE. — Le négociant étant en principe représenté par les divers comptes généraux, il est absurde d'ouvrir ce compte sous son nom personnel, ainsi que le font certains comptables.

COMPTE DE DÉPENSES PERSONNELLES

DOIT

18..	Janvier..	3	à Caisse, pour mes besoins........	»	50	»
»	»	16	à Caisse dito	»	50	»
»	Février..	1	à Caisse dito	»	40	»
»	»	11	à Caisse dito	»	75	»
»	Mars....	1	à Caisse dito	»	100	»
»	Avril....	3	à Caisse dito	»	130	»
»	Mai.....	10	à Caisse dito	»	125	»
»	Juin.....	1	à Caisse dito	»	160	»
»	Juillet...	7	à Caisse dito	»	180	»
»	Août....	2	à Caisse dito	»	110	»
»	Septemb.	5	à Caisse dito	»	143	»
»	Octobre..	4	à Caisse dito	»	140	»
»	Novemb..	1	à Caisse dito	»	100	»
»	Décemb..	29	à Caisse dito	»	350	»
					1753	»

AVOIR

18..	Décemb..	31	à Profits et Pertes, pour solde....	1753	»

COMPTE DE VOYAGE

On appelle *Compte de voyage*, celui que l'on ouvre à un associé ou voyageur qui se met en voyage pour compte de la société.

Ce compte, qui est débité des valeurs que le voyageur reçoit et crédité de celles dont il fait compte, se solde par lui-même, quand le total des payements égale celui des recettes, ou par le débit du voyageur quand celui-ci reste reliquataire.

M. X..., voyageur, ayant, dans le cours de son voyage, recouvré de Divers :

1º 2,000 fr., de Paul, de Tours ;

2º 2,500 fr., de Louis, d'Orléans ;

3º 3,000 fr., de Jacques, de Paris ;

4º   475 fr., de Pierre, du Havre ;

      Et payé :

1º   500 fr., à Bernard, de Tours, pour avance de fonds ;

2º   280 fr., à Lockroy, de Paris, pour avance de fonds ;

3º 2,000 fr., pour achat de 20 tonn., sel de soude ;

4º 4,000 fr., pour une traite à vue, fournie par la société ;

5º   620 fr., pour avances de frais de voyage, nous établissons le compte de la manière suivante :

DOIT			COMPTE DE VOYAGE DE M. X...		
18.. janvier..		5	à Paul, de Tours, pour sa remise espèces à notre voyageur.....................	2000	»
»	»	10	à Louis, d'Orléans, pour sa remise espèces à notre voyageur..............	2500	»
»	»	15	à Jacques, de Paris, pour sa remise espèces à notre voyageur..............	3000	»
»	»	28	à Pierre, du Havre, pour sa remise espèces à notre voyageur.............	475	»
				7975	»

Sur le livre-journal on écrira :

5 janvier 18..

Compte de voyage, à Paul, de Tours, pour argent remis à notre voyageur, 2,000 fr.

(pour ses deux tournées du Centre et de l'Ouest) AVOIR

18.. janvier..	5	Par Bernard, de Tours, argent remis à notre voyageur.....................	500	»
»	»	15	Par Lockroy, de Paris, argent remis à notre voyageur.....................	280	»
»	»	15	Par Marchandises générales, achat de 20 tonn. sel de soude..............	2000	»
»	»	20	Par effets à payer pour notre traite à vue.	4000	»
»	»	31	Par Profits et Pertes, avances de frais de voyage.........................	620	»
» février....	5	Par X..., notre voyageur..............	575	»
				7975	»

Sur le livre-journal on écrira :

5 janvier 18..

Bernard, de Tours, à *Compte de voyage,* pour avances de fonds faite

par M. X..., notre voyageur, 500 fr.

COMPTE DE DÉBITEURS DIVERS (¹)

On appelle *Compte de débiteurs divers*, celui sur lequel on porte tous les débiteurs dont les relations sont trop rares pour leur ouvrir un compte particulier.

Le compte de débiteurs divers doit avoir deux colonnes de plus au Débit et deux au Crédit, pour y inscrire des numéros de rencontre.

Au Débit comme au Crédit, et à la colonne de gauche, on commence par écrire un numéro de série, c'est-à-dire 1, 2, 3, 4, 5, etc., etc.; et sur la colonne de droite, on écrit le numéro de rencontre.

Si, par exemple, le Débit se solde par un seul payement, il n'y a qu'un seul numéro de rencontre; si, au contraire, le Débit se solde par divers payements, on porte autant de numéros de rencontre qu'il y a de payements divers.

(¹) On établit aussi, et de la même manière, un compte de *Créditeurs divers*.

DOIT — *Débiteurs divers.*

18..	Janvier.	15	Paul, de Bordeaux, notre facture de ce jour........	1	1	100	»
»	Mars...	18	Louis, en ville, notre facture de ce jour............	2	2/3	220	»
»	Avril...	17	Frédéric, de Paris, notre facture de ce jour......	3	4	180	50
»	Mai....	25	Jean, de Lyon, notre facture de ce jour,...........	4		33	80
				5			
				6			
				7			
				8			
				9			
				10			
				11			
				12			

Débiteurs divers. — AVOIR

18..	Février.	10	Par Caisse, reçu de Paul, de Bordeaux..............	1	1	100	»
»	Mars...	31	Par Caisse, reçu de Louis, de Paris.................	2	2	120	»
»	Avril...	15	dito dito	3	2	100	»
»	Juin...	16	Par Caisse, reçu de Frédéric, de Paris.............	4	3	180	50
				5			
				6			
				7			
				8			
				9			
				10			
				11			
				12			

Ainsi, en voyant au Débit les numéros de rencontre 2/3 au compte de Louis, cela m'indique que la somme de 220 fr. a été soldée en deux payements. Je vais au Crédit et je trouve, en effet, les numéros de série 2 et 3 qui sont au Débit, les numéros de rencontre 2/3.

Le n° 4 du Débit n'étant point soldé, il n'y a, par conséquent, aucun numéro de rencontre.

DE LA BALANCE EN GÉNÉRAL

On distingue cinq sortes de balances, savoir : la balance de compte, dite particulière, la balance de sortie, la balance d'entrée, la balance de vérification et la balance générale.

Balance de compte, dite particulière. — La balance de compte, dite particulière, est une opération qui a pour but d'établir la différence existant entre le Débit et le Crédit d'un ou de quelques comptes seulement. Pour faire la balance, il suffit d'additionner le Débit et le Crédit, et la différence d'un total à l'autre est le solde de la balance.

EXEMPLE :

M. Paul, 22, rue Montmartre, Paris.

DOIT						AVOIR				
18.. Juin.....	3	à Marchandises générales, facture 31 mai.	257	80	18.. Septemb.	5	Par Caisse, espèces, 1er courant........	400	»
» Août....	18	dito dito dito 15 ct..	301	10			Solde pour balance............	158	90
			558	90				558	90
		Solde à nouveau..............	158	90					

M. Louis, 16, rue de Paris, au Havre.

DOIT						AVOIR				
18.. Juin....	5	à Caisse, espèces, 31 courant........	187	10	18.. Septemb.	14	Par Marchandises générales, facture 11 ct.	524	50
» Septemb.	9	à Compte de commission, notre compte..	206	05	» Octobre..	6	Par effets à payer à vue............	431	»
		Solde pour balance............	678	45	» »	10	Par Divers..................	116	10
			1071	60				1071	60
							Solde à nouveau............	678	45

Balance de sortie. — La balance de sortie est une opération qui a pour but de clore un compte qui présente un reliquat, et de reporter ce reliquat sur un nouveau compte. Ainsi, dans le premier exemple, si l'on voulait clore le compte pour le reporter à nouveau à tel ou tel folio du grand-livre, au lieu d'écrire d'abord *solde pour balance*, et ensuite *solde à nouveau*, on écrirait simplement : *par solde de balance, fr.* 158 90.

EXEMPLE :

M. Paul, 22, rue Montmartre, Paris.

DOIT						AVOIR				
18.. Juin....	3	à Marchandises générales, facture 31 mai.	257	80	18.. Septemb.	5	Par Caisse espèces, 1er courant........	400	»
» Août....	18	à dito dito dito 15 ct..	301	10	» ...	5	Par solde de balance.....	158	90
			558	90				558	90

Balance d'entrée. — La balance d'entrée est une opération qui a pour but de continuer sur tel ou tel folio du grand-livre le compte clos par *solde de balance*.

EXEMPLE :

		DOIT			M. Paul, 22, rue Montmartre, Paris.	AVOIR
18..	Juin....	5	à Balance d'entrée..................	158	90	

Balance de vérification. — La balance de vérification est une opération qui a pour but de s'assurer si dans la transcription des écritures du journal au grand-livre on n'a pas commis des erreurs et des omissions.

La balance de vérification se fait tous les mois ou tous les trois mois.

Pour faire la balance de vérification, il faut faire le produit du Débit et du Crédit de tous les comptes ouverts au grand-livre, et si chacun de ces produits égale celui du journal, la balance de vérification est exacte.

EXEMPLE :

Folios de grand-livre.		Janvier			
		DÉBIT		CRÉDIT	
1	Marchandises générales.................	24747	60	10964	10
2	Caisse...........................	8603	15	23208	20
3	Effets à recevoir....................	5435	90	.....	..
4	Effets à payer......................	.....	..	9740	05
5	Profits et Pertes....................	1012	70	542	30
6	Frais généraux.....................	.....	..	.....	..
7	March. de compte a 1/3 avec J... et P.....	28900	»	28900	»
8	Paul, de Paris......................	2431	»	1790	60
9	Jacques, du Havre...................	37	20	10473	10
10	Laffont. de Bordeaux.................	9643	05	.....	..
11	Labat, de Marseille..................	4805	75	.....	..
		85616	35	85616	35

Balance générale. — La balance générale est une opération qui a pour but de résumer en quelques lignes l'ensemble de tous les comptes ouverts au grand-livre; elle présente, par conséquent, l'état réel de fortune d'un commerçant.

EXEMPLE :

ACTIF			PASSIF		
Débiteurs divers (les détailler)..	30302	50	Créan<ces> par comptes (les détailler)	26350	20
Effets en porteflle... (les détailler)..	6043	70	Créances par titres (les détailler)..	14209	80
Marchandises....	87950	80			
Espèces.........	2800	»			
	127297	»		40560	»

Actif... 127297
Passif.. 40560
86737

Si le commerçant veut connaitre le net de ses bénéfices, il déduit le capital du solde et l'excédant est la somme des bénéfices.

Supposons, par exemple, que le capital soit ici de 75,000 fr., nous déduisons cette somme de 86,737 fr., et l'excédant, soit 11,737, est le bénéfice.

MANIÈRE DE SOLDER CHAQUE COMPTE EN PARTICULIER

Solder un compte, c'est, ainsi que nous l'avons déjà dit, rendre le Crédit égal au Débit.

Comptes d'individus. — Les comptes d'individus se soldent, soit par eux-mêmes quand le total du Crédit égale celui du Débit, soit par *Profits et Pertes* dans le cas de faillite.

EXEMPLE :

DOIT			M. Paul, 22, rue Montmartre, Paris.				AVOIR		
18.. Juin. ...	30	à Marchandises générales, facture 20 c^t.	530	20	18.. Août....	31	Par Caisse, espèces........................	530	20
» Juillet...	7	à dito dito dito 1er c^t.	141	10	» Septemb.	15	Par Effets à recevoir, à vue............	141	10
			671	30				671	30

DOIT			M. Paul, 22, rue Montmartre, Paris.				AVOIR		
18.. Juin. ...	30	à Marchandises générales, facture 20 c^t.	530	20	18.. Août....	31	Par Caisse, dividende..................	335	65
» Juillet...	7	à dito dito dito 1er c^t.	141	10	» »	31	Par Profits et Pertes, perte 50 0/0......	335	65
			671	30				671	30

Compte de Marchandises générales. — Le compte de Marchandises générales, qui ne s'arrête qu'à l'époque de l'inventaire, se solde invariablement par *Profits et Pertes*, parce que la différence existant entre le Débit et le Crédit est le résultat des pertes ou des bénéfices.

Comme le Débit du compte de Marchandises générales se compose de tous les achats au prix coûtant, et le Crédit de toutes les ventes au prix de vente, il y a nécessairement une différence entre le Débit et le Crédit, et c'est précisément cette différence qui se passe par *Profits et Pertes*.

Hypothèse. — Si j'achète 100,000 fr. de marchandise et que je la vende 120,000 fr., il est évident que la différence existant entre la somme des achats et celle des ventes étant de 20,000 fr., c'est 20,000 fr. que j'aurai gagné sur 100,000 fr., et je passerai simplement la différence par *Profits et Pertes*; mais, comme il arrive que toute la marchandise n'a pas été vendue, il faut, avant de solder le compte, que les marchandises existantes en magasin soient totalisées avec celles vendues, et alors seulement le compte peut être soldé.

EXEMPLE :

Marchandises générales.

DOIT

18..	Janvier..	1	à Divers	2000	»
»	»	31	à dito	9780	»
»	Février..	5	à Paul, de Paris	8410	»
»	»	12	à Divers	8940	»
»	»	14	à dito	9315	»
»	»	15	à dito	9910	80
»	»	16	à dito	8740	90
»	»	20	à dito	42903	30
				100000	»
18..	Décemb.	31	à Profits et Pertes	25000	»
				125000	»
18..	Janvier..	5	à Nouveau	65000	»

AVOIR

18..	Février..	28	Par Divers	2131	10
»	Mars....	31	dito	3841	20
»	Avril...	30	dito	6310	90
»	Mai....	31	dito	4220	15
»	Juin....	30	dito	8270	05
»	Juillet...	31	dito	7950	»
»	Août....	31	dito	9431	10
»	Septemb.	30	dito	6274	15
»	Octobre..	31	dito	2115	10
»	Novemb.	30	dito	3117	15
»	Décemb..	31	dito	6639	10
				60000	»
»	Décemb..	31	Marchandises en magasin	65000	»
				125000	»

Le compte ainsi soldé, le reliquat est porté à nouveau sur l'année suivante, soit ici 65,000 fr.

Compte de caisse. — Le compte de Caisse ne présente jamais ni bénéfices ni pertes, parce que l'argent entre et sort pour la même valeur.

Pour solder le compte de Caisse, faites l'addition du Débit et du Crédit.

Si la somme du Crédit égale celle du Débit, le compte se trouve naturellement soldé ; si, au contraire, la somme du Crédit est moindre que celle du Débit, la différence étant en Caisse, vous la portez au Crédit, et le compte se trouve ainsi soldé.

EXEMPLE :

Caisse.

DOIT

18..	Janvier..	10	à Divers	2141	50
»	»	15	à Paul, solde	157	80
»	»	25	à Effets à recevoir, à vue	245	50
»	»	31	à Divers	3168	10
				5712	90

AVOIR

18..	Janvier..	11	Par Effets à payer comptant, Paul	500	»
»	»	15	Par Profits et Pertes	22	50
»	»	15	Par Frais généraux, loyer	1000	»
»	»	31	Par Compte de commission	214	10
				1736	60
		31	Fonds en caisse	3976	30
				5712	90

Compte d'Effets à payer. — Le compte d'effets à payer
somme des effets rentrés égale celle des effets sortis; par
effet ne rentre que pour une partie de la somme pour laquelle

DOIT		*Effets à payer.*	EXEM	
18.. Décemb.	10	à Caisse, acquit au billet, Paul........	200	»
» »	31	à ... dito ..... dito Henri........	350	50
			350	50
18.. Mars....	31	à Caisse, 25 0/0 sur 400 fr.........	100	»
» »	31	à Profits et Pertes, 75 0/0 sur 400 fr...	300	»
			950	50

Compte d'Effets à recevoir. — Pour solder le compte
Si la somme du Crédit égale celle du Débit, le compte se
Crédit est moindre que celle du Débit, c'est parce que vous
vous portez cette différence au Crédit.

DOIT		*Effets à recevoir.*	EXEM	
18.. Janvier..	10	à Paul, son billet, 15 mars...........	300	»
» »	15	à Divers.................	4375	80
» »	25	à Caisse, n° 7, à vue.............	452	15
			5127	95

Compte de Frais généraux. — Le compte de Frais
un seul article.
Compte personnel du commerçant. — Ce compte,
par Profits et Pertes.
Compte d'Intérêts. — Pour solder le compte d'Intérêts,

se solde de deux manières, savoir : par lui-même quand la
Profits et Pertes et Caisse dans les cas de faillite, parce qu'un
il est sorti.

PLE :

		Effets à payer.	AVOIR	
18.. Novemb.	1	Par Paul, mon billet, 31 décembre......	200	»
» »	1	Par Henri, dito dito	350	50
» »	15	Par Louis, dito 15 janvier........	400	»
			950	50

d'Effets à recevoir, faites l'addition du Débit et du Crédit.
trouve naturellement soldé; si, au contraire, la somme du
avez la différence en portefeuille, et pour solder le compte

PLE :

		Effets à recevoir.	DOIT	
18.. Janvier..	16	Par Louis, mon bordereau............	1750	»
» »	25	Par Pierre, mon chèque...........	452	15
			2202	15
18.. Janvier..	31	Effets en portefeuille...............	2925	80
			5127	95

généraux se solde invariablement par Profits et Pertes, et en
comme le compte de Frais généraux, se solde invariablement
faites l'addition du Débit et du Crédit.

Si les deux sommes sont égales, le compte se trouve naturellement soldé ; si, au contraire, il y a une différence entre le Débit et le Crédit, vous la passez par Profits et Pertes.

Compte de Commissions. — Quand il y a une différence entre le Débit et le Crédit, le compte de Commisssions se solde par Profits et Pertes, comme le compte d'intérêts.

Compte de Marchandises en consignation. — Si toute la marchandise remise en consignation est vendue, la différence existant entre le Débit et le Crédit se solde par Profits et Pertes ; mais s'il en reste une partie d'invendue, il faut en tenir compte avant d'opérer le solde.

Compte de Profits et Pertes (¹). — La différence existant entre le Débit et le Crédit du compte de Profits et Pertes se solde invariablement par Capital.

Si la somme du Crédit est supérieure à celle du Débit, cette différence, qui est le bénéfice, vient augmenter le capital ; si, au contraire, c'est la somme du Débit qui est supérieure à celle du Crédit, cette différence, qui est la perte, vient le diminuer.

Compte de Capital. — Le compte de Capital se solde par le Débit ou le Crédit des intéressés. (Voyez *Compte de liquidation.*)

(¹) On ne solde le compte de Profits et Pertes qu'après avoir soldé tous ceux produisant des pertes ou des bénéfices.

Compte de Liquidation. — On appelle *Compte de liquidation*, le compte qu'on ouvre sur le grand-livre, soit à la suite du décès d'un commerçant, soit à l'occasion d'une dissolution de Société ou formation de Société nouvelle.

Le compte de liquidation, qui dans le fond n'est qu'un inventaire, sert non-seulement à solder tous les comptes ouverts au grand-livre, mais encore à déterminer la part qui revient à chaque intéressé.

Si le Crédit du compte de Capital n'est pas absorbé par le solde du compte de Profits et Pertes, vous portez le reliquat au Crédit des intéressés, et cela suivant la part qui leur revient; si, au contraire, le Crédit du compte de Capital est absorbé par le solde du compte de Profits et Pertes, vous portez le déficit au Débit des intéressés.

Ordre dans lequel on dresse un compte de liquidation :

1° Arrêtez tous les comptes ouverts au grand-livre;

2° Soldez les comptes produisant des bénéfices et des pertes par Profits et Pertes;

3° Portez les soldes de tous les comptes sur le compte de Capital;

4° Soldez le compte de Profits et Pertes par le compte de Capital;

5° Soldez le compte de Capital par ceux des intéressés.

6° Soldez les comptes des intéressés par liquidation, et l'opération est terminée.

OBSERVATIONS GÉNÉRALES

Avant de passer écriture d'un ou plusieurs effets sur la main-courante, il faut les inscrire sur le livre de numéros, et donner à chaque effet le numéro de la ligne où il est inscrit de manière qu'on puise en faire mention sur la main-courante.

Les écritures ne se rapportent généralement que tous les quinze jours ou tous les mois, et on les transcrit dans l'ordre suivant :

1° La main-courante;

2° Le livre d'achats;

3° Le livre de ventes.

Aucun article de caisse ne doit être porté partiellement sur la main-courante; on les groupe tous dans un seul et même article.

Tous les achats et ventes de marchandises se groupent pareillement sur le journal.

La date de tout article groupé doit être celle du 15 et 30, 31 de chaque mois, si l'on rapporte les écritures par quinzaine; et du 30, 31, si on les rapporte par mois.

Afin de faciliter toutes recherches, chaque fois qu'un article est rapporté au journal, il faut inscrire sur le livre auxiliaire le folio du journal où l'article est rapporté, et sur le journal, le folio du livre auxiliaire.

Pour s'assurer de l'exactitude de la transcription des écritures, on doit, tous les mois, faire la balance des nombres.

Pour faire la balance des nombres, on additionne chacun des livres susnommés, et si la somme du journal est égale à celle produite par les trois livres auxiliaires ensemble, la balance des nombres est parfaitement exacte.

LIVRE D'ACHATS

Folios du journal.		SOMMES		TOTAUX	
	Du 4 janvier 18..				
94	Denis, armateur à Bordeaux, à 90 jours de ce jour, 100 sacs café Guayra gragé, P. S.				
	Brut.... 6000				
	Tare.... 120				
	Net..... 5880 k/ à F. 230...	13524	»		
	3 % ..	405	70		
		13118	30		
	Timbre........	10		13118	40
	Du 5				
94	Lyonnet, fabricant de drap à Sedan, à 60 j., sans escompte, 3 coupes, ensemble 72ᵐ drap noir, à 20 fr.............	1440	»	1440	»
	Du 6				
94	Gusman, à Messine, 60 jours, sans escompᵗᵉ, par la *Esmeralda*, 100 tonnes soufre 2ᵐᵉ sorte, à 122 fr. la tonne.............	12200	»		
	Frêt à 11 fr. 50 la tonne......	1150	»	13350	»
	Du 7				
94	Alexis, à Marseille ([1]), à 60 j., net.	9114	»	9114	»
	Du 8				
94	Labarthe, à Marseille, à 60 j., net..	2900	80	2900	80
	A reporter...........			39923	20

([1]) Les factures se copient mot pour mot sur le livre d'achats; nous nous bornons à ne donner que quelques exemples détaillés, afin d'éviter un surcroît de matière.

		Report..........	39923		20
	Du 9 janvier 18..				
94	Lacaze, au Havre, à 60 jours, net. 11783 50		11783		50
	Du 10				
94	Leclerc, à Marseille, à 60 j., net.. 6320 »		6320		»
	Du 11				
94	Louis, du Havre, 60 j., s/ esc... 11210 »		11210		»
	31 Janvier, total du mois.........		69236		70
	Du 8 mars 18..				
97	Denis, de Bordeaux, à 60 j., net. 10727 »		10727		»
	Du 9				
97	Lyonnet, de Sedan, à 90 j., net. 16349 »		16349		»
	Du 10				
97	Labarthe, de Marseille, à 30 j., net. 3815 »		3815		»
	31 Mars, total du mois.........		30891		»
	Du 3 avril				
99	Bernard, de Liverpool, à 30 j., net. 3897 30		3897		30
	Du 7				
99	Andréa, de Londres, à 60 j., net.. 6245 10		6245		10
	30 Avril, total du mois.........		10142		40
	Du 4 mai 18..				
101	Denis, de Bordeaux, à 90 j., net.. 11280 30		11280		30
	Du 11				
101	Gusman, de Messine, à 60 j., net. 9360 20		9360		20
	Du 17				
101	Labarthe, de Marseille, à 60 j., net. 2173 15		2173		15
	Du 29				
101	Lacaze, du Havre, à 60 jours, net. 3006 15		3006		15
	31 Mai, total du mois.........		25819		80

	Du 7 juin 18..			
103	Leclerc, de Marseille, à 60 j., net. 2615 75		2615	75
	Du 9			
103	Louis, du Havre, à 60 jours, net. 12784 15		12784	15
	Du 11			
103	Bernard, de Liverpool, à 60 j., net. 32011 25		32011	25
	Du 13			
103	Andréa, de Londres, à 60 j., net. 15797 »		15797	»
	30 Juin, total du mois.........		63206	15

LIVRE DES VENTES

<table>
<tr><td>Folios du Journal.</td><td></td><td>SOMMES</td><td>TOTAUX</td><td></td></tr>
<tr><td colspan="5">Du 15 janvier 18..</td></tr>
<tr><td>94</td><td>Teissié, de Castres, par chemin de fer, en gare, 60 jours, T. 1/10, 10 sacs poivre.
Brut.... 600
Tare.... 10
Net..... 590 k/ à F. 390-....   2301 »
3 %...   69 05
   2231 95
Timbre de traite.......   2 30</td><td></td><td>2234</td><td>25</td></tr>
<tr><td colspan="5">Du 24.</td></tr>
<tr><td>94</td><td>Bousquet, de Montauban (¹), à 60 jours, net.......................... 1714 50</td><td></td><td>1714</td><td>50</td></tr>
<tr><td colspan="5">Du 25.</td></tr>
<tr><td>94</td><td>Parat, de Lavaur, à 60 jours, net.   160 »</td><td></td><td>160</td><td>»</td></tr>
<tr><td colspan="5">Du 26.</td></tr>
<tr><td>94</td><td>Bellegarigue, de Cette, à 30 j., net.   948 50</td><td></td><td>948</td><td>50</td></tr>
<tr><td colspan="5">Du 27.</td></tr>
<tr><td>94</td><td>Bourrel, d'Angoulême, à 15 j., net.   1107 90</td><td></td><td>1107</td><td>90</td></tr>
<tr><td>94</td><td>31 janvier, total du mois........</td><td></td><td>6165</td><td>15</td></tr>
<tr><td colspan="5">Du 5 février.</td></tr>
<tr><td>95</td><td>Lucien, de Clermont, à 30 j., net.   1215 20</td><td></td><td>1215</td><td>20</td></tr>
<tr><td></td><td>A reporter...........</td><td></td><td>1215</td><td>20</td></tr>
</table>

(¹) Comme dans le livre d'achats, nous ne donnons ici que l'échéance et la somme.

	Report..........		1215	20
	Du 6 février 18..		
95	Salomon, de Bercy, à 60 j., net.. 867 10	867	10
	Du 11		
95	Charles, de Lyon, à 60 jours, net. 1343 50	1343	50
	Du 17		
95	Laffont, d'Albi, à 30 jours, net.. 1851 10	1851	10
	Du 21		
95	Joas, de Cahors, à 60 jours, net. 2315 »	2315	»
	28 février, total du mois.......	7591	90
	Du 1er mars.		
97	Vernet, d'Orléans, à 60 jours, net. 2840 40	2840	40
	Du 2		
97	Alcide, de Perpignan, à 30 j., net.. 1153 20	1153	20
	Du 6		
97	Gaston, de Bayonne, à 60 j., net. 1937 45	1937	45
	Du 8		
97	Abel, de Dijon, à 60 jours, net. 2924 15	2924	15
	Du 12		
97	Teissié, de Castres, à 60 j., net. 1017 30	1017	30
	Du 14		
97	Bousquet, de Montauban, à 30 j , net 963 10	963	10
	Du 20		
97	Parat, de Lavaur, à 60 jours, net. 2631 05	2631	05
	Du 24		
97	Bellegarigue, de Cette, à 30 j., net 1859 »	1859	»
	31 mars, total............	15325	65

	Du 1er avril 18..			
99	Bourrel, d'Angoulême, à 60 j., net.	2357 »	2357	»
	Du 2			
99	Lucien, de Clermont, à 30 j., net.	1846 50	1846	50
	Du 6			
99	Salomon, de Bercy, à 50 j., net.	966 »	966	»
	Du 8			
99	Charles, de Lyon, à 60 j., net..	1022 50	1022	50
	Du 10			
99	Laffont, d'Albi, P 60 jours, net.	1340 »	1340	»
	Du 12			
99	Joas, de Cahors, à 60 jours, net.	2165 »	2165	»
	Du 16			
99	Vernet, d'Orléans, à 60 j., net..	746 25	746	25
	Du 20			
99	Alcide, de Perpignan, à 15 j., net.	1931 80	1931	80
	Du 24			
99	Gaston, de Bayonne, à 60 j., net.	2451 20	2451	20
	Du 27			
99	Abel, de Dijon, à 40 jours, net..	1242 30	1242	30
	Du 30			
99	Teissié, de Castres, à 60 j., net.	2157 20	2157	20
	30 avril, total du mois............		18225	75
	Du 1er mai 18..			
101	Bousquet, de Montauban, à 60 j., net.	228 05	228	05
	Du 3			
101	Parat, de Lavaur, à 30 jours, net.	816 15	816	15
	Du 5			
101	Bellegarigue, de Cette, à 60 j., net.	2175 10	2175	10
	A reporter..........		3219	30

		Report.........	3219	30
	Du 7			
101	Bourrel, d'Angoulême, à 60 j., net. 1743 20		1743	20
	Du 9			
101	Lucien, de Clermont, à 30 j., net. 2127 60		2127	60
	Du 11			
101	Salomon, de Bercy, à 60 j., net. 2250 »		2250	»
	Du 13			
101	Charles, de Lyon, à 60 jours, net. 2667 »		2667	»
	Du 15			
101	Laffont, d'Albi, à 30 jours net. 1457 »		1457	»
	Du 17			
101	Joas, de Cahors, à 60 jours, net. 2631 »		2631	»
	Du 19			
101	Vernet, d'Orléans, à 30 j , net.. 3640 »		3640	»
	31 mai, total du mois.........		19735	10
	Du 1er juin 18..			
103	Alcide, de Perpignan, à 30 j., net. 1639 »		1639	»
	Du 3			
103	Gaston, de Bayonne, à 60 j., net. 2124 15		2124	15
	Du 5			
103	Abel, de Dijon, à 40 jours, net... 1168 20		1168	20
	Du 7			
103	Teissié, de Castres, à 60 j., net.. 2137 90		2137	90
	Du 9			
103	Bousquet, de Montauban, à 60 j., net. 1017 15		1017	15
	Du 12			
103	Parat, de Lavaur, à 60 jours, net. 2169 10		2169	10
	A reporter.........		10255	50

	Report............	10255	50
	Du 14 juin		
103	Bellegarrigue, de Cette, à 60 j., net. 1905 05	1905	05
	Du 16		
103	Bourrel, d'Angoulême, à 60 j., net. 2146 »	2146	»
	Du 18		
103	Lucien, de Clermont, à 40 j., net. 3111 »	3111	»
	Du 20		
103	Salomon, de Bercy, à 60 j., net. 1124 10	1124	10
	Du 22		
103	Charles, de Lyon, à 30 j., net.. 2260 »	2260	»
	Du 24		
103.	Laffont, d'Albi, à 60 jours, net. 321 75	321	75
	30 juin, total du mois........	21123	40

[illegible] .... [illegible]

[illegible] .... [illegible]

[illegible] .... [illegible]

[illegible] .... [illegible]

[illegible] .... [illegible]

[illegible] .... [illegible]

[illegible] .... [illegible]

[illegible] .... [illegible]

MAIN-COURANTE

<table>
<tr><td>Folios du journal.</td><td></td><td>SOMMES</td><td colspan="2">TOTAUX</td></tr>
<tr><td colspan="5">Du 7 janvier 18..</td></tr>
<tr><td>93</td><td>Denis de Bordeaux, à Divers :
à Profits et Pertes, rabais sur sa facture,
de ce jour....................
à Effets à payer, n° 1, m/ bon au 20 c^t.</td><td>163 »

6477 70</td><td>6640</td><td>70</td></tr>
<tr><td colspan="5">Du 18</td></tr>
<tr><td>93</td><td>Leclerc, de Marseille, à Divers :
à Profits et Pertes, rabais sur sa
facture, 10 courant............
à Alric, banquier, en ville, mon
chèque, à vue...............</td><td>40 60

3000 »</td><td>3040</td><td>60</td></tr>
<tr><td colspan="5">Du 31</td></tr>
<tr><td>93</td><td>Effets à recevoir, à Divers :
à Salomon, de Bercy, n° 3, son
billet, au 15 mars............
à Bousquet, de Montauban, n° 4,
ma traite, au 15 mars........
à Parat, de Lavaur, n° 5, ma
traite, 26 mars..............
à Bellegarrigue, de Cette, n° 6,
ma traite, 25 février.........
à Teissié, de Castres, n° 7, ma
traite, 26 mars..............</td><td>867 10

1711 50

160 »

948 50

2234 25</td><td>5924</td><td>35</td></tr>
<tr><td colspan="5">Du 31</td></tr>
<tr><td>93</td><td>Andréa, de Londres, à Divers :
à Marchandises générales, pour celles
retournées sur sa facture, 12 c^t..
à Alric, banquier, en ville, mon
chèque, à vue...............</td><td>9641 10

6155 90</td><td>15797</td><td>»</td></tr>
<tr><td colspan="2" align="right">A reporter..........</td><td></td><td>31402</td><td>65</td></tr>
</table>

		Report.........			31402	65
		Du 31 janvier 18..				
93	- Alric, banq., en ville, à Effets à recevoir :					
	n° 3, sur Bercy, au 15 mars......			867	10	
	» 4, sur Montauban, au 25 mars...			1714	50	
	» 5, sur Lavaur, au 26 mars.....			160	»	
	» 6, sur Cette, au 25 février.....			948	50	
	» 7, sur Castres, au 16 mars.....			2234	25	5924	35
		Du 31				
94	Caisse à Divers :					
	à Capital, mon versement de ce jour.			100000	»	
	à Marchandises générales, du 17,					
	vente au comptant..........			234	50	100234	50
		Du 31				
94	Divers à Caisse :					
	Frais généraux, payé le 1er semes-					
	tre du loyer.................			2000	»	
	Denis, de Bordeaux, ma remise					
	espèces du 7 courant..........			6477	70	
	Effets à payer, acquit du n° 1,					
	ordre Denis.................			6477	70	
	Pierre, ses appointements du mois.			200	»	
	Paul, ses appointements du mois..			150	»	
	Notre sieur Léon, son prélèvement.			200	»	
	March. générales, pour ports divers			237	20	
	Profits et pertes, divers frais du mois			421	50	16164	10
					153725	60
	Achats de janvier..........				69236	70
	Ventes de janvier..........				6165	15
	Total général du mois........				229127	45
		Du 4 février				
95	Profits et Pertes à Alric, banquier, en ville :					
	Agio sur mon bordereau, 31 janvier.			56	80	56	80
		Du 19				
95	March. générales à Lucien, de Clermont :					
	Pour celles retournées de mon					
	envoi, 5 courant..............			1215	20	1215	20
	A reporter.......				1272	»

		Report.............	1272	»

Du 23 février

95	Effets à recevoir, à Divers :			
	à Charles, de Lyon, nº 8, son billet, 12 avril................	1343 50		
	à Bousquet, de Montauban, nº 9, ma traite au 16 mars........	963 10		
	à Laffont, d'Albi, nº 10, ma traite au 20 mars................	1851 10		
	à Joas, de Cahors, nº 11, ma traite au 22 mai................	2315 »	6472	70

Du 28

95	Alric, banq., en ville, à effets à recevoir :			
	nº 8, sur Lyon, au 12 avril.......	1343 50		
	» 9, sur Montauban, au 16 mars..	963 10		
	» 10, sur Albi, au 20 mars......	1851 10		
	» 11, sur Cahors, au 22 mai.....	2315 »	6472	70

Du 28

95	Caisse à Divers :			
	à Bourrel, d'Angoulême, son envoi espèces, 6 courant...........	1107 90		
	à Marchandises générales, vente au comptant................	608 30	1716	20

Du 28

96	Divers à Caisse :			
	Pierre, ses appointements du mois.	200 »		
	Paul, ses appointements du mois..	150 »		
	Notre sieur Léon, son prélèvement.	250 »		
	Profits et Pertes :			
	Frais de voyage de Jules.. 300 / Menus frais du mois..... 478	778 »	1378	»

			17311	60
	Ventes de février.........		7591	90
	Total général............		24903	50

Du 4 mars

96	Profits et Pertes à Alric, banq., en ville :			
	Agio sur mon bordereau, 28 février.	71 85	71	85

	A reporter............		71	85

	Report...............	71	85
	Du 7 mars		
96	Labarthe, de Marseille, à Alric, banquier, en ville :		
	Mon chèque à vue.............. 2900 80	2900	80
	Du 15		
96	Labarthe, de Marseille, à Effets à payer :		
	n° 2, mon bon à son ordre au 5 mai 5000 »	5000	»
	Du 18		
96	March. générales à Teissié, de Castres :		
	Pour celles retournées sur ma facture, 12 courant.......... 546 80	546	80
	Du 22		
96	Effets à recevoir à Divers :		
	à Vernet, d'Orléans, n° 12, son billet au 30 avril............ 2840 40		
	à Alcide, de Perpignan, n° 13, ma traite au 1er avril............ 1155 20		
	à Gaston, de Bayonne, n° 14, ma traite au 5 mai............ 1937 45		
	à Abel, de Dijon, n° 15, ma traite au 7 mai.............. 2924 15		
	à Parat, de Lavaur, n° 16, ma traite au 19 mai............ 2631 05		
	à Bellegarrigue, de Cette, n° 17, ma traite au 23 avril............ 1859 »	13345	25
	Du 23		
97	Alric, banq., en ville, à Effets à recevoir :		
	n° 12, sur Orléans, au 30 avril.... 2840 40		
	» 13, sur Perpignan, au 1er avril.. 1155 20		
	» 14, sur Bayonne, au 5 mai.... 1937 45		
	» 15, sur Dijon, au 7 mai...... 2924 15		
	» 16, sur Lavaur, au 19 mai..... 2631 05		
	» 17, sur Cette, au 23 avril..... 1859 »	13345	25
	Du 28		
97	Profits et Pertes à Alric, banquier, en ville :		
	Agio sur mon bordereau, 25 courant. 112 80	112	80
	A reporter...........	33322	75

	Report............		33322	75
	— *Du 31 mars 18..* —			
97	Caisse à Divers :			
	à March. générales, vente au compt.	941 50		
	à Teissié, de Castres, sa r/ esp. du 18.	470 50	1412	»
	Du 31			
97	Divers à Caisse :			
	Lyonnet, de Sedan, acq. à s/ traite, 2 e^t	1440 40		
	Gusman, de Messine, acq. à sa t/, 7 c^t	13350 »		
	Lacaze, du Havre, acq. à sa t/, 10 c^t.	11783 50		
	Leclerc, de Marseille, acq. à s/t/, 11 c^t	3279 40		
	Louis, du Havre, acq. à sa t/, 11 c^t	11210 »		
	Profits et Pertes :			
	à Paul, frais de voyage..........	500 »		
	Denis, de Bordeaux, ma remise espèces du 12 courant........	10727 »		
	Pierre, ses appointements du mois.	200 »		
	Paul, ses appointements du mois..	150 »		
	Profits et Pertes, menus frais du mois.	462 20		
	Notre sieur Léon, son prélèvement.	200 »	53102 50	
	Achats du mois.............		87837	25
	Ventes du mois............		30891	»
			15325	65
	Total général du mois........		134053	90
	— *Du 30 avril 18..* —			
98	Effets à recevoir à Divers :			
	à Lucien, de Clermont, n° 18, ma traite au 2 mai............	1846 50		
	à Charles, de Lyon, n° 19, ma traite au 7 juin............	1022 50		
	à Laffont, d'Albi, n° 20, ma traite au 9 juin............	1340 »		
	à Joas, de Cahors, n° 21, ma traite au 30 mai............	2165 »		
	à Alcide, de Perpignan, n° 22, ma traite au 5 mai............	1951 80		
	à Gaston, de Bayonne, n° 23, ma traite au 23 juin............	2451 20		
	à Teissié, de Castres, n° 24, ma traite au 29 juin............	2157 20	12914	20
	A reporter............		12914	20

	Report.........		12914	20
	Du 30 avril			
98	Alric, banquier, à Effets à recevoir :			
	n° 18, sur Clermont, au 2 mai....	1846 50		
	» 19, sur Lyon, au 7 juin.......	1022 50		
	» 20, sur Albi, au 9 juin........	1340 »		
	» 21, sur Cahors, au 30 mai....	2165 »		
	» 22, sur Perpignan, au 5 mai...	1931 80		
	» 23, sur Bayonne, au 23 juin...	2451 20		
	» 24, sur Castres, au 29 juin....	2157 20	12914	20
	Du 30			
99	Caisse à Divers :			
	à Vernet, d'Orléans, sa remise espèces du 20 courant........	746 25		
	à Abel, de Dijon, sa remise espèces du 27 courant..............	1242 30		
	à Alric, banquier, en ville, sa remise espèces du 29 courant..	10000 »	11988	55
	Du 30			
99	Divers à Caisse :			
	Pierre, ses appointements du mois.	200 »		
	Paul, ses appointements du mois...	150 »		
	Profits et Pertes :			
	Menus frais du mois.... 380	680 »		
	Frais de voyage pour Louis 300			
	Notre sieur Léon, son prélèvement 250 »	1280	»	
			39096	95
	Achats du mois................		10142	40
	Ventes du mois...............		18225	75
	Total général...............		67465	10
	Du 4 mai 18..			
99	Profits et Pertes à Alric, banquier, en ville :			
	Agio sur mon bordereau, 30 avril..	128 50	128	50
	Du 18			
100	Profits et Pertes à Joas, de Cahors :			
	Escompte et rabais sur ma facture, 17 courant.................	31 »	31	»
	A reporter.........		159	50

		Report..........	159	50

Du 19 mai

100	Divers à Bourrel, d'Angoulême :			
	Marchandises générales, pour celles retournées			
	sur facture, 16 courant.......	427 10		
	Profits et Pertes, rabais sur ladite			
	facture...................	8 90	436	»

Du 22

100	Effets à recevoir à Divers :			
	à Bourrel, d'Angoulême, n° 25, ma			
	traite au 30 juin.............	2357 »		
	à Parat, de Lavaur, n° 26, ma			
	traite au 3 juin.............	816 15		
	à Bousquet, de Montauban, n° 27,			
	ma traite au 30 juin.........	228 05		
	à Bellegarigue, de Cette, n° 28,			
	ma traite au 4 juillet........	2175 10		
	à Lucien, de Clermont, n° 30, ma			
	traite au 10 juin............	2127 60		
	à Bourrel, d'Angoulême, n° 29, ma			
	traite au 6 juillet...........	1743 20		
	à Laffont, d'Albi, n° 31, ma traite			
	au 14 juin.................	1457 »		
	à Bourrel, d'Angoulême, n° 32, ma			
	traite au 15 août...........	1710 »		
	à Vernet, d'Orléans, n° 33, ma			
	traite au 20 juin............	3640 »	16254	10

Du 22

100	Alric, banquier, à effets à recevoir :			
	n° 25, sur Angoulême, au 30 juin.	2357 »		
	» 26, sur Lavaur, au 3 juin.....	816 15		
	» 27, sur Montauban, au 30 juin.	228 05		
	» 28, sur Cette, au 4 juillet.....	2175 10		
	» 29, sur Angoulême, au 6 juillet.	1743 20		
	» 30, sur Clermont, au 10 juin...	2127 60		
	» 31, sur Albi, au 14 juin.......	1457 »		
	» 32, sur Angoulême, au 15 août.	1710 »		
	» 33, sur Orléans, au 20 juin....	3640 »	16254	10

Du 22

100	Gusman, de Messine, à Profits et Pertes :			
	Rabais sur sa facture, 11 courant...	60 20	60	20

		A reporter..........	33163	90

		Report..........	33163	90

Du 23 mai

101	March. générales à Bellegarigue, de Cette :			
	Retour de mon envoi, 14 courant...	1905 05	1905	05

Du 25

101	Profits et Pertes à Alric, banquier :			
	Agio sur mon bordereau du 22 mai.	187 35	187	35

Du 31

101	Caisse à Divers :			
	à Salomon, de Bercy, sa remise espèces, 16 courant...........	966 »		
	à Charles, de Lyon, sa remise espèces, 26 courant..........	2667 »		
	à Salomon, de Bercy, sa remise espèces de ce jour...........	2250 »		
	à Joas, de Cahors, sa remise espèces de ce jour.............	2600 »		
	à Alric, banquier, sa remise espèces de ce jour............	10000 »	18483	»

Du 31

102	Divers à Caisse :			
	Effets à payer, acquit à mon billet, ordre Labarthe...........	5000 »		
	Labarthe, de Marseille, acquit à sa traite du 5 courant..........	897 30		
	Bernard, de Liverpool, acquit à sa traite du 5 courant..........	5897 30		
	Denis, de Bordeaux, ma remise espèces de ce jour............	11280 30		
	Pierre, ses appointements du mois.	200 »		
	Paul, ses appointements du mois.	150 »		
	Notre sieur Léon, son prélèvement.	200 »		
	Profits et Pertes : menus frais du mois................	483 »		
	Marchandises générales : port de diverses marchandises........	58 80	20166	70

		Achats du mois	73906	»
		Ventes du mois...............	25819	75
			19735	10
		Total général...............	119460	85

	Du 20 juin 18..				
102	Effets à recevoir à Divers :				
	à Gaston, de Bayonne, n° 34, ma traite au 3 juillet..............	2124	15		
	à Abel, de Dijon, n° 35, ma traite au 10 juillet..............	1168	20		
	à Teissié, de Castre, n° 36, ma traite au 6 août..............	2137	90		
	à Bousquet, de Montauban, n° 37, ma traite au 8 août..........	1017	15		
	à Parat, de Lavaur, n° 38, ma traite au 11 août............	2169	10		
	à Salomon, de Bercy, n° 39, ma traite au 19 août..............	1124	10	9740	60
	Du 26				
102	March. générales à Lucien, de Clermont : Retour sur ma facture, 18 courant.	1002	50	1002	50
	Du 27				
102	Alric, banquier, à Effets à recevoir :				
	n° 34, sur Bayonne, au 3 juillet...	2124	15		
	» 35, sur Dijon, au 10 juillet....	1168	20		
	» 36, sur Castres, au 6 août.....	2137	90		
	» 37, sur Montauban, au 8 août..	1017	15		
	» 38, sur Lavaur, au 11 août....	2169	10		
	» 39, sur Bercy, au 19 août.....	1124	10	9740	60
	Du 28				
103	Parat, de Lavaur, à Alric, banquier : Retour de ma traite impayée au 30 juin, avec frais..........	822	40	822	40
	Du 28				
103	Profits et Pertes à Alric, banquier : Agio sur mon bordereau du 26 ct..	127	15	127	15
	Du 30				
103	Caisse à divers :				
	à Marchandises générales, vente au comptant....	215	60		
	à Alcide, de Perpignan, sa remise espèces du 2 courant........	1639	»	1854	60
	A reporter..........			23287	85

		Report		25287	85
	——— *Du 30 juin* ———				
104	Divers à Caisse :				
	Andréa, de Londres, acquit à sa traite, 6 courant	6245	10		
	Lyonnet, de Sedan, acquit à sa traite, 8 courant	16349	»		
	Gusman, de Messine, acquit à sa traite, 10 courant	9300	»		
	Lacaze, du Havre, acquit à sa traite, 28 courant	5006	10		
	Labarthe, de Marseille, acquit à sa traite, 30 courant	2173	»		
	Pierre, ses appointements du mois.	200	»		
	Paul, ses appointements du mois..	150	»		
	Notre sieur Léon, son prélèvement.	300	»		
	Profits et Pertes : frais du mois...	447	50	38170	70
	——— *Du 30* ———				
104	Profits et Pertes à Divers :				
	à Frais généraux, solde à l'inventaire	2000	»		
	à Paul, solde à l'inventaire	1200	»		
	à Pierre, dito	900	»		
	à Compte de dépenses personnelles.	1400	»		
	à Capital, bénéfice net	6022	65	11522	65
	——— *Du 30* ———				
104	Divers à Profits et Pertes :				
	Marchandises générales, bénéfices suivant inventaire	15343	25		
	Alric, banquier, intérêts du 1er janvier au 30 juin	212	15	15555	40
					88536	60
	Achats du mois			63206	15
	Ventes du mois			21123	40
	Total général			172866	15

LIVRE-JOURNAL

	Du 7 janvier 18..				
104	Denis, de Bordeaux, à divers :				
114	à Profits et Pertes, rabais sur sa facture de ce jour..............	163	»		
118	à Effets à payer, n° 1, ma t/, 20 c¹.	6477	70	6640	70
	Du 18				
104	Leclerc, de Marseille, à Divers :				
114	à Profits et Pertes, rabais sur sa facture du 10 courant...........	40	60		
116	à Alric, banquier, en ville, mon chèque, à vue................	3000	»	3040	60
	Du 31				
112	Effets à recevoir, à Divers :				
110	à Salomon, de Bercy, n° 2, son billet au 15 mars.............	867	10		
106	à Bousquet, de Montauban, n° 3, ma traite au 15 mars..........	1714	50		
106	à Parat, de Lavaur, n° 4, ma traite au 26 mars............	160	»		
108	à Bellegarigue, de Cette, n° 5, ma traite au 25 février..........	948	50		
104	à Teissié, de Castres, n° 6, ma traite au 26 mars.............	2234	25	5924	35
	Du 31				
106	Andréa, de Londres, à Divers :				
112	à Marchandises générales, pour celles retournées sur sa facture, 12 c¹.	9641	10		
116	à Alric, banquier, en ville, mon chèque, à vue................	6155	90	15797	»
	Du 31				
116	- Alric, banquier, en ville, à Effets à recevoir :				
112	n° 2, sur Bercy, au 15 mars........	867	10		
	» 3, sur Montauban, au 25 mars..	1714	50		
	» 4, sur Lavaur, au 26 mars....	160	»		
	» 5, sur Cette, au 25 février.....	948	50		
	» 6, sur Castres, au 16 mars.....	2234	25	5924	35
	A reporter............			37327	»

	Report................	37327	»

Du 31 janvier

112	Marchandises générales à Divers :			
104	à Denis, de Bordeaux, sa f^{re} du 4..	13118 40		
104	à Lyonnet, de Sedan, sa f^{re} du 5..	1440 »		
104	à Gusman, de Messine, s/ f^{re} du 6.	13350 »		
116	à Alexis, de Marseille, s/ f^{re} du 7..	9114 »		
118	à Labarthe, de Marseille, s/ f^{re} du 8.	2900 80		
118	à Lacaze, du Havre, s/ f^{re} du 9....	11783 50		
104	à Leclerc, de Marseille, s/ f^{re} du 10.	6320 »		
106	à Louis, du Havre, s/ f^{re} du 10....	11210 »	69236	70

Du 31

112	Divers à Marchandises générales :			
104	Teissié, de Castres, ma fact^{re} du 15.	2234 25		
106	Bousquet, de Montauban, m/ f^{re} du 24	1714 50		
106	Parat, de Lavaur, m/ fact^{re} du 25..	160 »		
108	Bellegarrigue, de Cette, m/ f^{re} du 26	948 50		
108	Bourrel, d'Angoulême, m/ f^{re} du 27.	1107 90	6165	15

Du 31

114	Caisse à Divers :			
112	à Capital, m/ versement de ce jour.	100000 »		
112	à Marchandises générales, du 17,			
	vente au comptant.........	234 50	100234	50

Du 31

114	Divers à Caisse :			
118	Frais généraux, payé le 1er semes-			
	tre du loyer...............	2000 »		
104	Denis, de Bordeaux, ma remise			
	espèces du 7 courant........	6477 70		
118	Effets à payer, acquit du n° 1,			
	ordre Denis..............	6477 70		
114	Pierre, ses appointements du mois.	200 »		
116	Paul, ses appointements du mois..	150 »		
116	Notre sieur Léon, son prélèvement.	200 »		
112	Marchandises générales, pour ports			
	divers................	237 2 »		
114	Profits et Pertes : frais du mois.	421 50	16164	10
	Total général du mois de janvier...		**229127**	**45**

	— Du 4 février 18.. —				
114	Profits et Pertes à Alric, banq., en ville :			56	80
116	Agio sur mon bordereau, 31 janvier.	56	80		
	Du 19				
112	March. générales à Lucien de Clermont :				
108	Pour celles retournées de mon envoi,			1215	20
	5 courant....................	1215	20		
	Du 23				
112	Effets à recevoir à divers :				
112	à Charles, de Lyon, n° 7, son billet,				
	12 avril.....................	1343	50		
106	à Bousquet, de Montauban, n° 8,				
	m/ t/ au 16 mars...........	963	10		
110	à Laffont, d'Albi, n° 9, m/ t/ au				
	20 mars.....................	1851	10		
110	à Joas, de Cahors, n° 10, m/ t/ au				
	22 mai.....................	2315	»	6472	70
	Du 28				
116	Alric, banquier, en ville, à Effets à recevoir :				
112	n° 7, sur Lyon, au 12 avril.......	1343	50		
	» 8, sur Montauban, au 16 mars..	963	10		
	» 9, sur Albi, au 20 mars.......	1851	10		
	» 10, sur Cahors, au 22 mai.....	2315	»	6472	70
	Du 28				
112	Divers à Marchandises générales :				
108	Lucien, de Clermont, ma facture du				
	5 courant....................	1215	20		
110	Salomon, de Bercy, ma facture du				
	6 courant....................	867	10		
112	Charles, de Lyon, ma f^{re} du 11 c^t.	1343	50		
110	Laffont, d'Albi, ma f^{re} du 17 c^t....	1851	10		
110	Joas, de Cahors, ma f^{re} du 21 c^t...	2315	»	7591	90
	Du 28				
114	Caisse à Divers :				
108	à Bourrel, d'Angoulême, son envoi				
	espèces du 6 courant..........	1107	90		
112	à Marchandises générales, vente au				
	comptant....................	608	30	1716	20
	A reporter............			23525	50

					Report...............	23525	50
		Du 28 février					
114	Divers à Caisse :						
114	Pierre, ses appoin^ts du mois......		200	»			
116	Paul, ses appoin^ts du mois........		150	»			
116	Notre sieur Léon, son prélèvement.		250	»			
114	Profits et Pertes ;						
	Frais de voyage de Jules...	300			778	»	1378	»
	Frais du mois............	478					
		Total général du mois de février.....				24903	50
		Du 4 mars 18..					
114	Profits et Pertes à Alric, banq., en ville :						
116	Agio sur mon bordereau, 28 février.		71	85		71	85
		Du 7					
118	Labarthe, de Marseille, à Alric, b/, en ville :						
116	Mon chèque à vue................		2900	80		2900	80
		Du 15					
118	Labarthe, de Marseille, à Effets à payer :						
118	n° 11, m/ traite à s/ ordre, au 3 mai.		5000	»		5000	
		Du 18					
112	March. générales à Teissié, de Castres :						
104	Pour celles retournées sur ma f^re,						
	12 courant................		546	80		546	80
		Du 22					
112	Effets à recevoir à Divers :						
110	à Vernet, d'Orléans, n° 12, sa traite						
	au 30 avril...................		2840	40			
108	à Alcide, de Perpignan, n° 13, m/ t/						
	au 1er avril.................		1153	20			
108	à Gaston, de Bayonne, n° 14, m/ t/						
	au 5 mai..................		1937	45			
110	à Abel, de Dijon, n° 15, ma traite						
	au 7 mai..................		2924	15			
106	à Parat, de Lavaur, n° 16, m/ t/						
	au 19 mai.................		2631	05			
108	à Bellegarrigue, de Cette, n° 17, ma						
	traite au 23 avril............		1859	»		13345	25
		A *reporter*............				9863	»

				Report.................	19863	»

Du 23 mars

116	Alric, banquier en ville, à Effets à recevoir :					
112	n° 12, sur Orléans, au 30 avril....	2840	40			
	» 13, sur Perpignan, au 1er avril.	1153	20			
	» 14, sur Bayonne, au 5 mai.....	1937	45			
	» 15, sur Dijon, au 7 mai.........	2924	15			
	» 16, sur Lavaur, au 19 mai.....	2631	05			
	» 17, sur Cette, au 23 avril......	1859	»	13345	25	

Du 28

114	Profits et Pertes à Alric, banq., en ville :					
116	Agio sur mon bordereau, 23 c^t....	112	80	112	80	

Du 31

112	Marchandises générales à Divers :					
104	à Denis, de Bordeaux, sa f^re du 8 c^t.	10727	»			
104	à Lyonnet, de Sedan, sa f^re du 9 c^t.	16349	»			
118	à Labarthe de Marseille, sa f^re du 10 c^t	3815	»	30891	»	

Du 31

112	Divers à Marchandises générales :					
110	Vernet d'Orléans, ma f^re du 1er c^t.	2840	40			
108	Alcide, de Perpignan, ma f^re du 2 c^t.	1153	20			
108	Gaston, de Bayonne, ma f^re du 6 c^t.	1937	45			
110	Abel, de Dijon, ma f^re du 8 c^t......	2924	15			
104	Teissié, de Castres, ma f^re du 12 c^t.	1017	30			
106	Bousquet, de Montauban, ma f^re du 14 courant..............	963	10			
106	Parat, de Lavaur, ma f^re du 20 c^t...	2631	05			
108	Bellegarrigue, de Cette, ma facture du 24 courant................	1859	»	13325	65	

Du 31

114	Caisse à Divers :					
112	à March. générales, vente au comp.	941	50			
104	à Teissié, de Castres, s/r/esp. du 18 c^t	470	50	1412	»	

Du 31

114	Divers à Caisse :					
104	Lyonnet, de Sedan, acquit à sa traite 2 courant..................	1440	40			
104	Gusman, de Messine, acquit à sa traite, 7 courant............	13350	»			

				A reporter............	14790	40

	Report............	14790	40		
118	Lacaze, du Havre, acquit à sa traite, 10 courant..................	11783	50	
104	Leclerc, de Marseille, acq. à sa traite, 11 courant.................	3279	40	
106	Louis, du Havre, acquit à sa traite, 11 courant.................	11210	»	
114	Profits et Pertes : du 12, à Paul, pour frais de voyage...............	300	»	
104	Denis, de Bordeaux, ma remise espèces du 12 courant........	10727	»	
114	Pierre, ses appointements du mois.	200	»	
116	Paul, ses appointements du mois...	150	»	
114	Profits et Pertes, menus frais du mois.	462	20	
116	Notre sieur Léon, son prélèvement.	200	»	53102	50
	Total général du mois de mars......			134035	90

	Du 30 avril 18..				
112	Effets à recevoir à Divers :				
108	à Lucien, de Clermont, n° 18, ma traite au 2 mai...............	1846	50	
112	à Charles, de Lyon, n° 19, ma traite au 7 juin.................	1022	50	
110	à Laffont, d'Albi, n° 20, ma traite au 9 juin.................	1340	»	
110	à Joas, de Cahors, n° 21, ma traite au 30 mai.................	2165	»	
108	à Alcide, de Perpignan, n° 22, ma traite au 5 mai.................	1931	80	
108	à Gaston, de Bayonne, n° 23, ma traite au 23 juin...............	2451	20	
104	à Teissié, de Castres, n° 24, ma traite au 29 juin.................	2157	20	12914	20

	Du 30				
116	Alric, banq., en ville, à Effets à recevoir :				
112	n° 18, sur Clermont, au 2 mai....	1846	50	
	» 19, sur Lyon, au 7 juin.......	1022	50	
	» 20, sur Albi, au 9 juin.......	1340	»	
	» 21, sur Cahors, au 30 mai.....	2165	»	
	» 22, sur Perpignan, au 5 mai....	1931	80	
	» 23, sur Bayonne, au 23 juin....	2451	20	
	» 24, sur Castres, au 29 juin....	2157	20	12914	20
	A reporter............			25828	40

	Report............			25828	40

	Du 30 avril

112	Marchandises générales à Divers :				
106	à Bernard, de Liverpool, sa f^{re} du 3 c^t	3897	30		
106	à Andréa, de Londres, sa f^{re} du 7 c^t.	6245	10	10142	40

	Du 30

112	Divers à Marchandises générales :				
108	Bourrel, d'Angoulême, m/f^{re} du 1er c^t	2357	»		
108	Lucien, de Clermont, ma f^{re} du 2 c^t.	1846	50		
110	Salomon, de Bercy, ma f^{re} du 6 c^t.	966	»		
112	Charles, de Lyon, ma f^{re} du 8 c^t..	1022	50		
110	Laffont, d'Albi, ma f^{re} du 10 c^t...	1340	»		
110	Joas, de Cahors, ma f^{re} du 12 c^t..	2165	»		
110	Vernet, d'Orléans, ma f^{re} du 16 c^t.	746	25		
108	Alcide, de Perpignan, ma f^{re} du 20 c^t.	1931	80		
108	Gaston, de Bayonne, ma f^{re} du 24 c^t.	2431	20		
110	Abel, de Dijon, ma f^{re} du 27 c^t...	1242	30		
104	Teissié, de Castres, ma f^{re} du 30 c^t.	2157	20	18225	75

	Du 30

114	Caisse à Divers :				
110	à Vernet, d'Orléans, sa remise esp.				
	du 20 courant................	746	25		
110	à Abel, de Dijon, sa remise espèces				
	du 27 courant................	1242	30		
116	à Alric, banquier, sa remise espèces				
	du 29 courant................	10000	»	11988	55

	Du 30

114	Divers à Caisse :				
114	Pierre, ses appointements du mois..	200	»		
116	Paul, ses appointements du mois...	150	»		
114	Profits et Pertes :				
	Menus frais du mois..... 380	680	»		
	Pour Louis, frais de voyage 300				
116	Notre sieur Léon, son prélèvement 250	»	1280	»	
	Total général du mois d'avril......			67465	10

	Du 4 mai 18..

114	Profits et Pertes à Alric, banq., en ville :				
116	Agio sur mon bordereau, 30 avril..	128	50	128	50

	A reporter...............			128	50

		Report............	128	50
		Du 18		
114		Profits et Pertes à Joas, de Cahors :		
110		Escompte et rabais sur ma fre, 17 ct.	31 »	31 »
		Du 19		
108		Diveres à Bourrel, d'Angoulême :		
112		Marchandises générales : pour celles		
		retournées sur facture, 16 ct...	427 10	
114		Profits et Pertes : rabais sur ladite		
		facture......................	8 90	436 »
		Du 22		
112		Effets à recevoir à Divers :		
108		à Bourrel, d'Angoulême, no 25, ma		
		traite au 30 juin............	2357 »	
106		à Parat, de Lavaur, no 26, ma traite		
		au 3 juin.................	816 15	
106		à Bousquet, de Montauban, no 27,		
		ma traite au 30 juin.........	228 05	
108		à Bellegarrigue, de Cette, no 28, ma		
		traite au 5 juillet............,	2175 10	
108		à Bourrel, d'Angoulême, no 29, ma		
		traite au 6 juillet...........	1743 20	
108		à Lucien, de Clermont, no 30, ma		
		traite au 10 juin............	2127 60	
110		à Laffont, d'Albi, no 31, ma traite		
		au 14 juin.................	1457 »	
108		à Bourrel, d'Angoulême, no 32, ma		
		traite au 15 août............	1710 »	
110		à Vernet, d'Orléans, no 33, ma		
		traite au 20 juin............	3640 »	16254	10
		Du 22		
116		Alric, banq., en ville, à Effets à recevoir :		
112		no 25, sur Angoulême, au 30 juin.	2357 »	
		» 26, sur Lavaur, au 3 juin......	816 15	
		» 27, sur Montauban, au 30 juin..	228 05	
		» 28, sur Cette, au 4 juillet......	2175 10	
		» 29, sur Angoulême, au 6 juillet.	1743 20	
		» 30, sur Clermont, au 10 juin...	2127 60	
		» 31, sur Albi, au 14 juin.......	1457 »	
		» 32, sur Angoulême, au 15 août.	1710 »	
		» 33, sur Orléans, au 20 juin....	3640 »	16254	10
		A reporter............	33103	70

	Report............		33103	70
	Du 22 mai			
104	Gusman, de Messine, à Profits et Pertes :			
114	Rabais sur sa facture, 10 c^t......	60 20	60	20
	Du 23			
112	March. générales à Bellegarrigue, de Cette :			
108	Retour de mon envoi, 14 courant..	1905 05	1905	05
	Du 25			
114	Profits et Pertes à Alric, banquier :			
116	Agio sur mon bordereau du 22 mai.	187 35	187	35
	Du 31			
112	Marchandises générales à Divers :			
104	à Denis, de Bordeaux, sa f^{re} du 4 c^t..	11280 30		
104	à Gusman, de Messine, sa f^{re} du 10 c^t.	9360 20		
118	à Labarthe, de Marseille, s/f^{re} du 17 c^t	2173 15		
118	à Lacaze, du Havre, sa f^{re} du 29 c^t..	3006 10	25819	75
	Du 31			
112	Divers à Marchandises générales :			
106	Bousquet, de Montauban, ma facture du 1er courant............	228 05		
106	Parat, de Lavaur, ma f^{re} du 3 c^t...	816 15		
108	Bellegarrigue, de Cette, ma f^{re} du 5 c^t	2175 10		
108	Bourrel, d'Angoulême, ma f^{re} du 7 c^t	1743 20		
108	Lucien, de Clermont, ma f^{re} du 9 c^t.	2127 60		
110	Salomon, de Bercy, ma f^{re} du 11 c^t..	2250 »		
112	Charles, de Lyon, ma f^{re} du 13 c^t.	2667 »		
110	Laffont, d'Albi, ma f^{re} du 15 c^t...	1457 »		
110	Joas, de Cahors, ma f^{re} du 17 c^t...	2631 »		
110	Vernet, d'Orléans, ma f^{re} du 19 c^t..	3640 »	19735	10
	Du 31			
114	Caisse à Divers :			
110	à Salomon, de Bercy, sa remise espèces, 16 courant.........	966 »		
112	à Charles, de Lyon, sa remise espèces, 26 courant.........	2667 »		
110	à Salomon, de Bercy, sa remise espèces de ce jour..........	2250 »		
110	à Joas, de Cahors, sa remise espèces de ce jour............	2600 »		
116	à Alric, banq., s/r/ esp. de ce jour.	10000 »	18483	»
	A reporter............		99294	15

	Report..........		99294	15
	Du 31 mai			
114	Divers à Caisse :			
118	Effets à payer : acquit à ma traite, ordre Labarthe.............	3000 »		
118	Labarthe, de Marseille, acquit à sa traite du 3 courant..........	897 30		
106	Bernard, de Liverpool, acquit à sa traite du 3 courant..........	3897 30		
104	Denis, de Bordeaux, ma remise espèces de ce jour....	11280 30		
114	Pierre, ses appointements du mois..	200 »		
116	Paul, ses appointements du mois..	150 »		
116	Notre sieur Léon, son prélèvement.	200 »		
114	Profits et Pertes : menus frais du mois.................	483 »		
112	Marchandises générales : port de diverses marchandises........	58 80	20166	70
	Total général du mois de mai......		119460	85
	Du 20 juin 18..			
112	Effets à recevoir à Divers :			
108	à Gaston, de Bayonne, n° 34, ma traite au 3 juillet..........	2124 15		
110	à Abel, de Dijon, n° 35, ma traite au 10 juillet....	1168 20		
104	à Teissié, de Castres, n° 36, ma traite au 16 août..........	2137 90		
106	à Bousquet, de Montauban, n° 37, ma traite au 8 août..........	1017 15		
106	à Parat, de Lavaur, n° 38, ma traite au 11 août...........	2169 10		
110	à Salomon, de Bercy, n° 39, ma traite au 19 août...........	1124 10	9740	60
	Du 26			
112	March. générales à Lucien, de Clermont :			
108	Retour sur ma facture, 18 courant.	1002 50	1002	50
	Du 27			
116	Alric, banquier, à Effets à recevoir :			
112	n° 34, sur Bayonne, au 3 juillet....	2124 15		
	» 35, sur Dijon, au 10 juillet......	1168 20		
	» 36, sur Castres, au 6 août......	2137 90		
	A reporter..........	5430 25	10743	40

Fo	Libellé			
	Report........	5430 25	10743	10
	» 37, sur Montauban, au 8 août..	1017 15		
	» 38, sur Lavaur, au 11 août....	2169 10		
	» 39, sur Bercy, au 19 août......	1124 10	9740	60
	Du 28 juin			
106	Parat, de Lavaur, à Alric, banquier :			
116	Retour de ma traite, imp. au 3 juin,			
	avec frais..................	822 40	822	40
	Du 28			
114	Profits et Pertes à Alric, banquier :			
116	Agio sur mon bordereau pu 26 ct..	127 15	127	15
	Du 30			
112	Marchandises générales à Divers :			
104	à Leclerc, de Marseille, sa fre du 7 ct.	2613 75		
106	à Louis, du Havre, sa fre du 9 ct..	12784 15		
106	à Bernard, de Liverpool, sa fre du 11 ct	32011 25		
106	à Andréa, de Londres, sa fre du 12 ct	15797 »	63206	15
	Du 30			
112	Divers à Marchandises générales :			
108	Alcide, de Perpignan, ma fre du 1er ct	1639 »		
108	Gaston, de Bayonne, ma fre du 3 ct..	2124 15		
110	Abel, de Dijon, ma fre du 5 ct.....	1168 20		
104	Teissié, de Castres, ma fre du 7 ct.	2137 90		
106	Bousquet, de Montauban, m/fre du 9 ct	1017 15		
108	Bellegarrigue, de Cette, ma fre du 11 ct	1905 05		
106	Parat, de Lavaur, ma fre du 12 ct..	2169 10		
108	Bourrel, d'Angoulême, ma fre du 16 ct	2146 »		
108	Lucien, de Clermont, ma fre du 18 ct.	3111 »		
110	Salomon, de Bercy, ma fre du 20 ct..	1124 10		
112	Charles, de Lyon, ma fre du 22 ct..	2260 »		
110	Laffont, d'Albi, ma fre du 24 ct....	321 75	21123	40
	Du 30			
114	Caisse à Divers :			
112	à Marchandises générales, vente au			
	comptant..................	215 60		
108	à Alcide, de Perpignan, sa remise			
	espèces du 24 courant........	1639 »	1854	60
	A reporter............		107617	40

			Report............	107617	40
	Du 30				
114	Divers à Caisse :				
106	Andréa, de Londres, acquit à sa traite, 6 courant...........	6245	10		
104	Lyonnet, de Sedan, acquit à sa traite, 8 courant...........	16349	»		
104	Gusman, de Messine, acquit à sa traite, 10 courant..........	9300	»		
118	Lacaze, du Havre, acquit à sa traite, 28 courant.............	3006	10		
118	Labarthe, de Marseille, acquit à sa traite de ce jour...........	2173	»		
114	Pierre, ses appointements du mois..	200	»		
116	Paul, ses appointements du mois..	150	»		
116	Notre-sieur Léon, son prélèvement.	300	»		
114	Profits et Pertes : frais du mois...	447	50	58170	70
	Du 30				
114	Profits et Pertes à Divers :				
118	à Frais généraux, solde à l'inventaire	2000	»		
116	à Paul, solde à l'inventaire.......	1200	»		
114	à Pierre, solde à l'inventaire......	900	»		
116	à Compte de dépenses personnelles.	1400	»		
112	à Capital, bénéfice net...........	6022	65	11522	65
	Du 30				
114	Divers à Profits et Pertes :				
112	Marchandises générales : bénéfice suivant inventaire...........	15343	25		
116	Alric, banquier, intérêts..........	212	15	15555	40
	Total général du mois de juin......			172866	15

GRAND-LIVRE

DOIT — Denis, armateur, place de la Bourse, Bordeaux. — **AVOIR**

DOIT

18..	Janvier..	7	à Profits et Pertes, agio............	91	163	»
»	»	7	à Effets à payer, mon bordereau au 20 ct	91	6477	70
»	»	7	à Caisse, ma remise espèces de ce jour.	92	6477	70
»	Mars....	12	à Caisse, ma remise espèces de ce jour.	95	10727	»
»	Mai....	31	dito dito	100	11280	30
					35125	70

AVOIR

18..	Janvier..	31	Par March. générales, sa facture du 4 ct.	92	13118	40
»	Mars....	31	dito dito 8 ct.	95	10727	»
»	Mai.....	31	dito dito 4 ct.	99	11280	30
					35125	70

DOIT — Lyonnet, fabricant de drap, à Sedan. — AVOIR

DOIT

18..	Mars....	31	à Caisse, acquit à sa traite, 2 ct....	95	1440	»
»	Juin....	30	dito dito 8 ct....	102	16349	»
					17789	»

AVOIR

18..	Janvier..	31	Par March. générales, facture du 5 ct.	92	1440	»
»	Mars....	31	dito dito 9 ct.	95	16349	»
					17789	»

DOIT — Gusman, de Messine. — AVOIR

DOIT

18..	Mars....	31	à Caisse, acquit à sa traite, 7 ct.....	95	13350	»
»	Mai....	22	à Profits et Pertes, rabais...........	99	60	20
»	Juin....	30	à Caisse, acquit à sa traite, 10 ct...	102	9300	»
					22710	20

AVOIR

18..	Janvier..	31	Par March. générales, sa facture du 5 ct.	92	13350	»
»	Mai....	31	dito dito 11 ct.	99	9360	20
					22710	20

DOIT — Leclerc, de Marseille. — AVOIR

DOIT

18..	Janvier..	18	à Profits et Pertes, rabais..........	91	40	60
»	»	18	à Alric, mon chèque à vue..........	91	5000	»
»	Mars....	31	à Caisse, acquit à sa traite, 11 ct...	95	3279	40
»	Juin....	30	Solde pour balance.....		2613	75
					8933	75

AVOIR

18..	Janvier..	31	Par March. générales, sa fre du 10 ct...	92	6320	»
»	Juin....	30	dito dito 7 ct...	101	2613	75
					8933	75
»	Juin....	30	Solde à nouveau.............		2613	75

DOIT — Teissié, de Castres. — AVOIR

DOIT

18..	Janvier..	31	à March. générales, ma fre du 15 ct..	92	2234	25
»	Mars....	31	dito dito 12 ct..	95	1017	30
»	Avril...	30	dito dito de ce jour.	97	2157	20
»	Juin....	30	dito dito du 7 ct...	101	2137	90
					7546	65

AVOIR

18..	Janvier..	31	Par Effets à recevoir, ma t/, 26 mars.	91	2234	25
»	Mars....	18	Par March. génér., retour sur fre, 12 ct.	94	546	80
»	»	31	Par Caisse, sa remise espèces du 18 ct.	95	470	50
»	Avril....	30	Par Effets à recevoir, ma t/, 29 juin..	96	2157	20
»	Juin....	30	dito dito 6 août..	100	2137	90
					7546	65

DOIT — Louis, du Havre.

An	Mois	Jour		F°	Fr	c
18	Mars	31	à Caisse, acquit à sa traite, 11 ct...	95	11210	»
»	Juin	30	Solde pour balance..........		12784	15
					23994	15

DOIT — Bernard, de Liverpool.

An	Mois	Jour		F°	Fr	c
18..	Mai	31	à Caisse, acquit à sa traite, 3 ct....	100	3897	30
»	Juin	30	Solde pour balance..........		32011	25
					35908	55

DOIT — Andréa, de Londres.

An	Mois	Jour		F°	Fr	c
18..	Juin	30	à March. génér., retour sur sa f^re, 12 ct	91	9641	10
»	»	30	à Alric, mon chèque à vue.........	91	6155	90
»	»	30	à Caisse, acquit à sa traite, 6 juin...	102	6245	10
					22042	10

DOIT — Bousquet, de Montauban.

An	Mois	Jour		F°	Fr	c
18..	Janvier	31	à March. générales, ma f^re du 24 ct.	92	1714	50
»	Février	28	dito dito 14 ct.	93	963	10
»	Mai	31	dito dito 1er ct.	99	228	05
»	Juin	30	dito dito du 9 ct.	101	1017	15
					3922	80

DOIT — Parat, de Lavaur.

An	Mois	Jour		F°	Fr	c
18..	Janvier	31	à March. générales, ma f^re du 26 ct..	92	160	»
»	Mars	31	dito dito 20 ct..	95	2631	05
»	Mai	31	dito dito 3 ct..	99	816	15
»	Juin	30	dito dito 12 ct..	101	2169	10
»	»	30	à Alric, ma traite impayée au 3 juin..	101	822	40
					6598	70
»	Juin	30	Solde à nouveau..........		822	40

AVOIR — du Havre.

An	Mois	Jour		F°	Fr	c
18..	Janvier	31	Par March. générales, f^re du 10 ct...	92	11210	»
»	Juin	30	dito dito 7 ct...	101	12784	15
					23994	15
»	Juin	30	Solde à nouveau..........		12784	15

AVOIR — Liverpool.

An	Mois	Jour		F°	Fr	c
18..	Avril	30	Par March. générales, sa facture 3 ct.	97	3897	30
»	Juin	30	dito dito 11 ct.	101	32011	25
					35908	55
»	Juin	30	Solde à nouveau..........		32011	25

AVOIR — de Londres.

An	Mois	Jour		F°	Fr	c
18..	Avril	30	Par March. générales, sa f^re du 7 ct..	97	6245	10
»	Juin	30	dito dito 12 ct..	101	15797	»
					22042	10

AVOIR — Montauban.

An	Mois	Jour		F°	Fr	c
18..	Janvier	31	Par Effets à recevoir, ma t/, 15 mars,	91	1714	50
»	Février	14	dito dito 16 mars.	93	963	10
»	Mai	6	dito dito 30 juin..	98	228	05
»	Juin	10	dito dito 8 août..	100	1017	15
					3922	80

AVOIR — Lavaur.

An	Mois	Jour		F°	Fr	c
18..	Janvier	25	Par Effets à recevoir, ma t/, 26 mars.	91	160	»
»	Mars	22	dito dito 19 mai..	94	2631	05
»	Mai	3	dito dito 3 juin..	98	816	15
»	Juin	14	dito dito 11 août.	100	2169	10
»	»	30	Solde pour balance..........		822	40
					6598	70

Bellegarrigue, de Cette.

DOIT

18..	Janvier..	31	à March. générales, ma fre du 26 ct.	92	948	50
»	Mars....	31	dito dito 24 ct.	95	1859	»
»	Mai.....	31	dito dito 5 ct.	99	2175	10
»	Juin....	30	dito dito 14 ct.	101	1905	03
					6887	65

AVOIR

18..	Janvier..	26	Par Effets à recevoir, ma t/, 25 février.	91	948	50
»	Mars....	24	dito dito 23 avril..	94	1859	»
»	Mai.....	5	dito dito 5 juillet.	98	2175	10
»	»	23	Par March. génér., r/ de m/ env., 14 ct	90	1905	03
					6887	63

Bourrel, d'Angoulême.

DOIT

18..	Janvier..	31	à March. générales, facture du 27 ct.	92	1107	90
»	Avril....	30	dito dito 1er ct.	97	2357	»
»	Mai.....	31	dito dito 7 ct.	99	1743	20
»	Juin....	30	dito dito 16 ct.	101	2146	»
					7354	10

AVOIR

18..	Février..	28	Par Caisse, sa remise espèces du 6...	93	1107	90
»	Mai.....	19	Par Divers....................	98	436	»
»	»	22	Par Effets à recevoir, ma t/ au 30 juin.	98	2357	»
»	»	22	dito dito 6 juillet	98	1743	20
»	»	22	Par Effets à recevoir, ma t/, 15 août..	98	1710	»
					7354	10

Lucien, de Clermont-Ferrand.

DOIT

18..	Février..	28	à March. générales, facture du 5 ct..	93	1215	20
»	Avril....	30	dito dito 2 ct..	97	1846	50
»	Mai.....	31	dito dito 9 ct..	99	2127	60
»	Juin....	30	dito dito 16 ct..	101	3111	»
					8300	30
»	»	30	Solde à nouveau............		2108	50

AVOIR

18..	Février..	19	Par March. génér., r/ de mon envoi, 5 ct	93	1215	20
»	Avril....	4	Par Effets à recevoir, ma traite, 2 mai.	96	1846	50
»	Mai.....	10	dito dito 10 juin	98	2127	60
»	Juin....	26	Par March. génér., r/ sur ma fre, 18 ct	100	1002	50
»	»	30	Solde pour balance..........		2108	50
					8300	30

Alcide, de Perpignan.

DOIT

18..	Mars....	31	à March. générales, ma fre du 2 ct..	95	1153	20
»	Avril....	30	dito dito 20 ct..	97	1931	80
»	Juin....	30	dito dito 1er ct..	101	1639	»
					4724	»

AVOIR

18..	Mars....	2	Par Effets à recevoir, ma t/, 1er avril.	94	1153	20
»	Avril....	20	dito dito 5 mai..	96	1931	80
»	Juin....	30	Par Caisse, sa remise espèces du 24 ct.	100	1639	»
					4724	»

Gaston, de Bayonne.

DOIT

18..	Mars....	31	à March. générales, ma fre du 6 ct..	95	1937	45
»	Avril....	30	dito dito 24 ct..	97	2451	20
»	Juin....	30	dito dito 3 ct..	101	2124	15
					6512	80

AVOIR

18..	Mars....	8	Par Effets à recevoir, ma t/, 3 mai...	94	1937	45
»	Avril....	28	dito dito 23 juin...	96	2451	20
»	Juin....	4	dito dito 3 juillet.	100	2124	15
					6512	80

DOIT — Abel, de Dijon. — **AVOIR**

DOIT								AVOIR					
18..	Mars....	31	à March. générales, ma f^re du 8 c^t..	95	2924	15	18..	Mars....	9	Par Effets à recevoir, ma traite, 7 mai.	94	2924	15
»	Avril....	30	dito dito 27 c^t..	97	1242	30	»	Avril....	27	Par Caisse, sa remise espèces........	97	1242	30
»	Juin....	30	dito dito 5 c^t..	101	1168	20	»	Juin....	6	Par Effets à recevoir, ma t/, 10 juillet.	101	1168	20
					5334	65						5334	65

DOIT — Laffont, d'Albi. — **AVOIR**

DOIT								AVOIR					
18..	Février..	28	à March. générales, facture du 17 c^t.	93	1851	10	18..	Février...	17	Par Effets à recevoir, s/ b/ au 20 mars.	95	1851	10
»	Avril....	30	dito dito 10 c^t.	97	1340	»	»	Avril....	10	dito ma t/, 9 juin....	96	1340	»
»	Mai.....	30	dito dito 15 c^t.	99	1457	»	»	Mai.....	15	dito dito 14 juin...	98	1457	»
»	Juin....	30	dito dito 24 c^t.	101	321	75	»	Juin....	30	Solde pour balance.........		321	75
					4969	85						4969	85
»	»	30	Solde à nouveau...........		321	75							

DOIT — Joas, de Cahors. — **AVOIR**

DOIT								AVOIR					
18..	Février..	28	à March. générales, ma f^re du 21 c^t.	93	2315	»	18..	Février..	28	Par Effets à recevoir, ma traite, 22 mai.	95	2315	»
»	Avril....	30	dito dito 12 c^t.	97	2165	»	»	Avril....	15	dito dito 30 mai.	86	2165	»
»	Mai.....	31	dito dito 17 c.	99	2631	»	»	Mai.....	31	Par Caisse, sa remise esp. de ce jour.	99	2600	»
							»	»	18	Par Profits et Pertes, escomp. et rabais.	98	31	»
					7111	»						7111	»

DOIT — Vernet, d'Orléans. — **AVOIR**

DOIT								AVOIR					
18..	Mars....	21	à March. générales, ma f^re du 1 c^t...	95	2840	40	18..	Mars....	1	Par Effets à recevoir, son b/, 30 avril.	94	2840	40
»	Avril....	30	dito dito 16 c^t...	97	746	25	»	Avril....	30	Par Caisse, sa remise espèces du 20..	97	746	25
»	Mai.....	31	dito dito 19 c^t...	99	3640	»	»	Mai.....	20	Par Effets à recevoir, ma traite, 20 juin.	98	3640	»
					7226	65						7226	65

DOIT — Salomon, de Bercy-Paris. — **AVOIR**

DOIT								AVOIR					
18..	Janvier..	31	à March. générales, ma f^re du 6 c^t..	93	867	10	18..	Janvier..	15	Par Effets à recevoir, son b/ au 15 mars.	91	867	10
»	Avril....	30	dito dito 6 c^t..	97	966	»	»	Mai.....	31	Par Caisse, son envoi espèces, 15 c^t..	99	966	»
»	Mai.....	30	dito dito 11 c^t..	99	2250	»	»	»	31	dito de ce jour.	99	2250	»
»	Juin....	30	dito dito 20 c^t..	101	1124	10	»	Juin....	20	Par Effets à recevoir, ma t/, 19 août..	100	1124	10
					5207	20						5207	20

DOIT — Charles,

				Fol.	Fr.	c.
18..	Février..	28	à March. générales, ma f^{re} du 11 c^t.	93	1343	50
»	Avril....	30	, dito dito 6 c^t.	96	1022	50
»	Mai.....	31	dito dito 13 c^t.	99	2667	»
»	Juin.....	30	dito dito 22 c^t.		2260	»
					7293	»
»	»	30	Solde à nouveau.............		2260	»

DOIT — *Marchandises générales.*

				Fol.	Fr.	c.
18..	Janvier...	31	à Divers, suivant détail au journal...	92	69236	70
»	»	31	à Caisse, ports divers.............	92	237	20
»	Février..	19	à Lucien, pour compte, envoi 5 c^t...	95	1215	20
»	Mars....	18	à Teissié, retour sur ma f^{ro} 12 c^t...	94	546	80
»	»	31	à Divers, suivant détail au journal...	95	30891	»
»	Avril....	30	dito dito ...	97	10142	40
»	Mai.....	19	à Bourrel, retour sur facture, 16 c^t.	98	427	10
»	»	25	b Bellegarrigue, pour comp^{te}, env. 16 c^t	99	1905	05
»	»	31	à Divers, suivant détail au journal...	99	25819	75
»	»	31	à Caisse, ports divers.............	100	58	80
»	Juin....	26	à Lucien, retour de mon envoi, 18 c^t.	100	1002	50
»	»	30	à Divers, suivant détail au journal..	101	63206	15
»	»	30	à Profits et Pertes, solde..........	102	15345	25
					220031	90
»	»	30	Solde à nouveau...........		120223	95

DOIT — *Capital.*

DOIT — *Effets à recevoir.*

				Fol.	Fr.	c.
18..	Janvier..	31	à Divers, suivant détail au journal...	91	5924	35
»	Février..	23	dito dito	93	6472	70
»	Mars....	22	dito dito	94	15345	25
»	Avril...	30	dito dito	96	12914	20
»	Mai.....	22	dito dito	98	16254	10
»	Juin....	20	dito dito	100	9740	60
					64651	20

de Lyon. — **AVOIR**

				Fol.	Fr.	c.
18..	Février..	12	Par Effets à recevoir, son b/, 12 avril.	93	1343	50
»	Avril....	10	dito ma t/, 7 juin...	96	1022	50
»	Mai.....	31	Par Caisse, son envoi espèces du 26 c.	99	2667	»
»	Juin....	30	Solde pour balance..........		2260	»
					7293	»

Marchandises générales. — **AVOIR**

				Fol.	Fr.	c.
18..	Janvier..	31	Par Andréa, pour compte, 12 courant.	91	9641	10
»	»	31	Par Divers, suivant détail au journal..	92	6165	15
»	»	31	Par Caisse, vente au comptant du 17..	92	234	80
»	Février..	28	dito dito	93	7591	90
»	»	28	Par Caisse, vente comptant.........	93	608	30
»	Mars....	31	Par Divers, suivant détail au journal..	93	13528	65
»	»	31	Par Caisse, vente comptant.........	95	941	50
»	Avril....	30	Par Divers, suivant détail au journal..	97	18225	75
»	Mai.....	31	dito dito	99	19735	10
»	Juin....	30	dito dito	101	21123	40
»	»	30	Par Caisse, vente comptant.........	101	213	60
»	»	30	Marchandises en magasin..........		120223	95
					220031	90

Capital — **AVOIR**

				Fol.	Fr.	c.
18..	Janvier..	31	Par Caisse, mon versement de ce jour.	92	100000	»
»	Juin.....	30	Par Profits et Pertes, bénéfices......		6022	65
					106022	65

Effets à recevoir. — **AVOIR**

				Fol.	Fr.	c.
18..	Janvier..	31	Par Alric, ma remise de ce jour....	91	5924	35
»	Février..	28	dito dito	93	6472	70
»	Mars....	23	dito dito	95	15345	25
»	Avril....	30	dito dito	96	12914	20
»	Mai.....	22	dito dito	98	16254	10
»	Juin....	27	dito dito	100	9740	60
					64651	20

DOIT — *Caisse.*

18..	Janvier..	31	à Divers, suivant détail au journal...	92	100234	50
»	Février..	28	dito dito	93	1716	20
»	Mars....	31	dito dito	95	1412	»
»	Avril....	30	dito dito	97	11988	55
»	Mai.....	31	dito dito	99	18483	»
»	Juin....	30	dito dito	101	1854	60
					135688	**85**

DOIT — *Profits et Pertes.*

18..	Janvier..	31	à Caisse, frais du mois............	92	421	50
»	Février..	4	à Alric, agio, bordereau 31 janvier..	93	56	80
»	»	28	à Caisse, suivant détail au journal...	94	778	»
»	Mars....	4	à Alric, agio, bordereau 28 février..	94	71	85
»	»	28	dito dito 23 courant.	95	112	80
»	»	31	à Caisse, frais de voyage à Paul.....	95	300	»
»	»	31	à Caisse, frais du mois............	95	462	20
»	Avril....	30	à Divers, suivant détail au journal...	97	680	»
»	Mai.....	4	à Alric, agio, bordereau 30 avril....	97	128	50
»	»	18	à Joas, rabais.................	98	31	»
»	»	19	à Bourrel, rabais..............	98	8	90
»	»	25	à Alric, agio, bordereau 22 courant..	99	187	35
»	»	31	à Caisse, frais du mois............	100	483	»
»	Juin....	28	à Alric, agio, bordereau 26 courant..	101	127	15
»	»	30	à Caisse, frais du mois............	102	447	50
»	»	30	à Frais généraux...............		2000	»
»	»	30	à Paul, ses appointements..........		1200	»
»	»	30	à Pierre, dito		900	»
»	»	30	à Compte de dépenses personnelles..		1400	»
			à Capital, solde.................		6022	65
					15819	**20**

DOIT — *Pierre.*

18..	Janvier..	31	à Caisse, ses appointements du mois.	92	200	»
»	Février..	28	dito dito	94	200	»
»	Mars....	31	dito dito	95	200	»
»	Avril....	30	dito dito	97	200	»
»	Mai.....	31	dito dito	100	200	»
»	Juin....	30	dito dito	102	200	»
					1200	**»**

Caisse. — **AVOIR**

18..	Janvier..	31	Par Divers, suivant détail au journal .	92	16164	10
»	Février..	28	dito dito	94	1578	»
»	Mars....	31	dito dito	95	53102	50
»	Avril....	30	dito dito	97	1280	»
»	Mai.....	31	dito dito	100	20166	70
»	Juin....	30	dito dito	102	38170	70
»	»	30	Fonds en caisse.............		5426	85
					135688	**85**

Profits et Pertes. — **AVOIR**

188..	Janvier..	7	Par Denis, remise sur fre de ce jour..	91	163	»
»	»	18	Par Leclerc, dito 10 courant..	91	40	60
»	Mai.....	26	Par Gusman, rabais................	99	60	20
»	Juin.....	30	Par Alric, intérêts................		212	15
»	»	30	Par Marchandises générales, solde....		15343	25
					15819	**20**

Pierre. — **AVOIR**

18..	Janvier..	30	Par Profits et Pertes, pour solde.....		1200	»
					1200	**»**

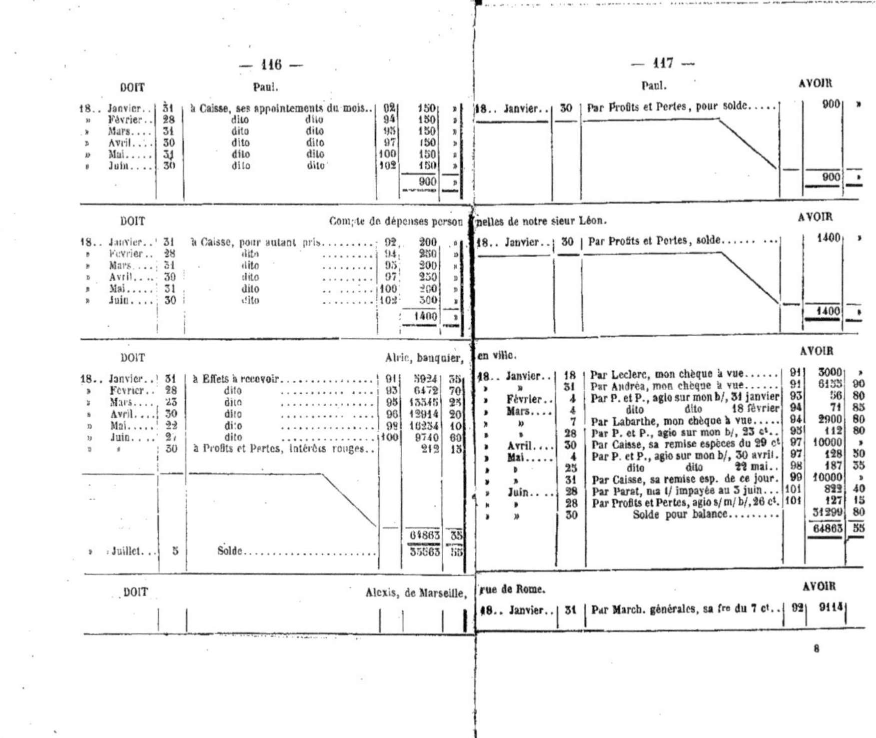

Paul.

DOIT

18..	Janvier..	31	à Caisse, ses appointements du mois..	92	150	»
»	Février..	28	dito dito	94	150	»
»	Mars....	31	dito dito	95	150	»
»	Avril....	30	dito dito	97	150	»
»	Mai.....	31	dito dito	100	150	»
»	Juin....	30	dito dito	102	150	»
					900	»

AVOIR

18..	Janvier..	30	Par Profits et Pertes, pour solde.....		900	»
					900	»

Compte de dépenses personnelles de notre sieur Léon.

DOIT

18..	Janvier..	31	à Caisse, pour autant pris..........	92	200	»
»	Février..	28	dito	94	250	»
»	Mars....	31	dito	95	200	»
»	Avril....	30	dito	97	250	»
»	Mai.....	31	dito	100	200	»
»	Juin....	30	dito	102	300	»
					1400	»

AVOIR

18..	Janvier..	30	Par Profits et Pertes, solde...... ...		1400	»
					1400	»

Alric, banquier, en ville.

DOIT

18..	Janvier..	31	à Effets à recevoir................	91	5924	35
»	Février..	28	dito	93	6472	70
»	Mars....	23	dito	95	13545	25
»	Avril....	30	dito	96	12914	20
»	Mai.....	22	dito	98	16234	10
»	Juin....	27	dito	100	9740	60
»	»	30	à Profits et Pertes, intérêts rouges..		212	15
					64863	35
»	Juillet...	5	Solde................		35863	55

AVOIR

18..	Janvier..	18	Par Leclerc, mon chèque à vue......	91	3000	»
»	»	31	Par Andréa, mon chèque à vue......	91	6133	90
»	Février..	4	Par P. et P., agio sur mon b/, 31 janvier	93	56	80
»	Mars....	4	dito dito 18 février	94	71	85
»	»	7	Par Labarthe, mon chèque à vue.....	94	2900	80
»	»	28	Par P. et P., agio sur mon b/, 23 ct..	95	112	80
»	Avril....	30	Par Caisse, sa remise espèces du 29 ct	97	10000	»
»	Mai.....	4	Par P. et P., agio sur mon b/, 30 avril.	97	128	30
»	»	25	dito dito 22 mai..	98	187	35
»	»	31	Par Caisse, sa remise esp. de ce jour.	99	10000	»
»	Juin....	28	Par Parat, ma t/ impayée au 5 juin...	101	822	40
»	»	28	Par Profits et Pertes, agio s/m/b/, 26 ct.	101	127	15
»	»	30	Solde pour balance........		31299	80
					64863	55

Alexis, de Marseille, rue de Rome.

DOIT

AVOIR

18..	Janvier..	31	Par March. générales, sa f^re du 7 ct..	92	9114

DOIT — *Frais généraux.*

18..	Janvier..	31	à Caisse, pour le 1er sem. du loyer..	92	2000	»

DOIT — *Effets à payer*

18..	Janvier..	31	à Caisse, acq. à m/ b/, o/ Denis, 20 ct	92	6477	70
»	Mai.....	31	dito dito Labarthe, 3 ct	100	3000	»
					9477	70

DOIT — Labarthe, de

18..	Mars....	7	à Alric, mon chèque à vue..........	94	2900	80
»	»	15	à Effets à payer, mon bord. au 3 mai.	94	3000	»
»	Mai.....	31	à Caisse, acquit à sa traite, 3 ct.....	100	897	30
»	Juin.....	30	dito dito	102	2173	»
					8971	10
			Soldé à nouveau............		82	15

DOIT — Lacaze, au

18..	Mars....	31	à Caisse, acquit à sa traite, 10 ct...	95	11783	50
»	Juin....	31	dito dito 28 ct...	102	3006	10
					14789	60

Frais généraux.

18..	Janvier..	30	Par Profits et Pertes, solde.........		2000	»

Effets à payer. — AVOIR

18..	Janvier..	7	Par Denis, n° 1, ma traite au 20 ct...	91	6477	70
»	Mars....	15	Par Labarthe, mon bordereau au 3 mai.	94	3000	»
					9477	70

Marseille. — AVOIR

18..	Janvier..	31	Par March. générales, fre du 8 ct....	92	2900	80
»	Mars....	31	dito dito 11 ct...	95	3815	»
»	Mai.....	31	dito dito 17 ct...	09	2173	15
			Solde pour balance..........		82	15
					8971	10

Havre. — AVOIR

18..	Janvier..	31	Par March. générales, sa fre du 9 ct..	92	11783	50
»	Mai.....	31	dito dito 29 ct	99	3006	10
					14789	60

LIVRE RÉPERTOIRE

A

Londres....	Andréa	106
Perpignan...	Alcide	108
Dijon.......	Abel	110
Marseille....	Alexis	116
Bordeaux....	Alric	116

B

Liverpool...	Bernard	106
Montauban..	Rousquet	106
Cette......	Bellegarrigue	108
Angoulême..	Bourrel	108

C

Lyon.......	Charles	112
	Capital	112
	Caisse	114

D

Bordeaux...	Denis	104
	Dépenses personnelles (compte de)	116

E

	Effets à recevoir	112
	Effets à payer	118

F

	Frais généraux	118

G

Messine.....	Gusman	104
Bayonne....	Gaston	108

J

Cahors..... Joas... 110

L

Marseille.... Labarthe................................. 118
Sedan...... Lyonnet.................................... 104
Marseille... Leclerc..................................... 104
Havre..... Louis...................................... 106
Clermont... Lucien.................................... 108
Albi........ Laffont.................................... 110
Havre...... Lacaze.................................... 118

M

Marchandises générales................. 112

P

Lavaur..... Parat...................................... 106
Prôfits et Pertes............................ 114
Pierre...................................... 114
Paul...................................... 116

S

Bercy...... Salomon.................................... 110

T

Castres..... Teissié.... 104

V

Orléans..... Vernet.................................. 110

LIVRE DE CAISSE

LIVRE DE CAISSE.

DOIT

Date		Jour	Libellé		
18.. Janvier..		31	Mon versement de ce jour............	100000	»
»	»	31	Vente au comptant...................	254	50
				100234	50
18.. Février..		1	Solde à nouveau....................	84070	40
»	»	6	Reçu de Bourrel, d'Angoulème.........	1107	90
»	»	28	Vente au comptant.................	608	30
				85786	60
18.. Mars....		1	Solde à nouveau....................	84408	60
»	»	16	Vente au comptant..................	941	50
»	»	18	Reçu de Teissié, de Castres..........	470	50
				85820	60

AVOIR

Date		Jour	Libellé		
18.. Janvier..		1	Payé le 1er semestre du loyer...........	2000	»
»	»	7	Payé à Denis, de Bordeaux.............	6477	70
»	»	20	Effets à payer pour le n° 1, ordre Denis...	6477	70
»	»	31	Pierre, pour ses appointements du mois...	200	»
»	»	31	Paul, pour ses appointements du mois.....	150	»
»	»	31	Notre sieur Léon, son prélèvement........	200	»
»	»	31	Marchandises générales, pour ports divers.	237	20
»	»	34	Menus frais du mois..................	421	50
»	»	31	Solde pour balance.............	84070	40
				100234	50
18.. Février..		28	Pierre, pour ses appointements du mois..	200	»
»	»	28	Paul, pour ses appointements du mois....	150	»
»	»	28	Notre sieur Léon, son prélèvement.......	250	»
»	»	28	Frais de voyage de Jules..............	500	»
»	»	28	Frais du mois.....................	478	»
»	»	28	Solde pour balance.........	84408	60
				85786	20
18.. Mars....		2	Lyonnet, de Sedan, acquit à sa traite.....	1440	40
»	»	7	Gusman, de Messine, dito	13559	»
»	»	10	Lacaze, du Havre, dito	11783	50
»	»	11	Leclerc, de Marseille, dito	3279	40
»	»	11	Louis, du Havre, dito	11210	»
»	»	12	Frais de voyage de Paul..............	500	»
»	»	12	Denis, de Bordeaux, ma remise espèces..	10727	»
»	»	31	Pierre, ses appointements du mois.......	200	»
»	»	31	Paul, ses appointements du mois.........	150	»
»	»	31	Frais du mois.....................	462	20
»	»	31	Notre sieur Léon, son prélèvement.......	200	»
»	»	31	Solde pour balance.............	32718	10
				85820	60

DOIT — *Caisse.*

18.. Avril	1er	Solde à nouveau	52718	10
» »	20	Reçu de Vernet, d'Orléans	746	25
» »	27	Reçu de Abel, d'Orléans	1242	30
» »	29	Reçu de Alric, banquier	10000	»
			44706	**65**
18.. Mai	1er	Solde à nouveau	43426	65
» »	16	Reçu de Salomon de Bercy	966	»
» »	26	Reçu de Charles, de Lyon	2667	»
» »	31	Reçu de Salomon, de Bercy	2250	»
» »	31	Reçu de Joas, de Cahors	2600	»
» »	31	Reçu d'Alric, banquier	10000	»
			61909	**65**
18.. Juin	1er	Solde à nouveau	41742	95
» »	24	Vente au comptant	215	60
» »	24	Reçu d'Alcide, de Perpignan	1439	»
			43597	**55**

Caisse. — **AVOIR**

18.. Avril	30	Pierre, ses appointements du mois	200	»
» »	30	Paul, ses appointements du mois	150	»
» »	30	Frais du mois	380	»
» »	30	Frais de voyage de Louis	300	»
» »	30	Notre sieur Léon, son prélèvement	250	»
» »	30	Solde pour balance	43426	65
			44706	**65**
18.. Mai	3	Effets à payer : acq. à m/ b/, o/ Labarthe	3000	»
» »	3	Labarthe, de Marseille, acquit à sa traite	897	30
» »	3	Bernard, de Liverpool, acquit à sa traite	3897	30
» »	31	Denis, de Bordeaux, ma remise espèces	11280	30
» »	31	Pierre, ses appointements du mois	200	»
» »	31	Paul, ses appointements du mois	150	»
» »	31	Notre sieur Léon, son prélèvement	200	»
» »	31	Frais du mois	483	»
» »	31	Marchandises générales : ports divers	58	80
» »	31	Solde pour balance	41742	95
			61909	**65**
18.. Juin	6	Andréa, de Londres, acquit à sa traite	6245	10
» »	8	Lyonnet, de Sedan, dito	16349	»
» »	10	Gusman, de Messine, dito	9300	»
» »	28	Lacaze, du Havre, dito	3006	10
» »	30	Labarthe, de Marseille, dito	2173	»
» »	30	Pierre, ses appointements du mois	200	»
» »	30	Paul, ses appointements du mois	150	»
» »	30	Notre sieur Léon, son prélèvement	300	»
» »	30	Frais du mois	447	50
» »	30	Fonds en caisse	5426	85
			43597	**55**

CARNET D'ÉCHÉANCES

Janvier.	Juillet.
18..	
» 20, nº 1, b/o/ Denis. 6477 70	

Février.	Août.

Mars.	Septembre.

Avril.	Octobre.

Mai.	Novembre.
18..	
3, nº 11, b/o/Labarthe 3000 »	

Juin.	Décembre.

Numéros	DATE DES ENTRÉES (année)	(mois)	(jour)	Nature des Effets	VILLES	DATE de la CRÉATION (mois)	(jour)	Tireurs ou endosseurs	SOMMES		ORDRES	ÉCHÉANCES (mois)	(jour)	TIRÉS	DOMICILE	Derniers endosseurs	DATE DES SORTIES (mois)	(jour)	À qui cédés
1	18..	Janvier.	7	b/ à o/	Bordeaux.	Janvier	7	moi-même.	6477	70	Denis moon o/	Janvier.	20	moi-même.	Bordeaux.	moi-même	Janvier.	7	Denis.
2	»	»	31	b/	Bercy.	»	28	Solomon.	867	10	»	Mars..	15	Salomon.	Bercy.	»	»	31	Alric.
3	»	»	31	t/	Bordeaux.	»	»	moi-même.	1714	50	»	»	15	Bousquet.	Montauban.	»	»	31	»
4	»	»	31	»	»	»	»	»	160	»	»	»	26	Parat.....	Lavaur.	»	»	31	»
5	»	»	31	»	»	»	»	»	948	50	»	Février	25	Bellegarrigue..	Cette.	»	»	31	»
6	»	»	31	»	»	»	»	»	2234	25	»	Mars..	26	Teissié...	Castres.	»	»	31	»
7	»	Février.	23	b/	Lyon.	Février	18	Charles.	1343	50	»	Avril..	12	Charles...	Lyon.	»	Février	28	»
8	»	»	23	t/	Bordeaux.	»	23	moi-même.	963	10	»	Mars..	16	Bousquet.	Montauban.	»	»	28	»
9	»	»	23	»	»	»	23	»	1851	10	»	»	20	Laffont...	Albi.	»	»	28	»
10	»	»	23	»	»	»	23	»	2315	»	»	Mai....	22	Joas......	Cahors.	»	»	28	»
11	»	Mars...	15	b/	Orléans.	Mars..	15	»	3000	»	Labarthe moon o/	»	3	moi-même.	Bordeaux.	»	Mars..	15	labarthe.
12	»	»	22	»	Orléans.	»	20	Vernet.	2840	40	»	Avril..	30	Vernet...	Orléans.	»	»	23	»
13	»	»	22	t/	Bordeaux.	»	22	moi-même.	1153	20	»	»	1	Alcide....	Perpignan	»	»	23	Alric.
14	»	»	22	»	»	»	22	»	1937	45	»	Mai...	5	Gaston...	Bayonne.	»	»	23	»
15	»	»	22	»	»	»	22	»	2924	15	»	»	7	Abel.....	Dijon.	»	»	23	»
16	»	»	22	»	»	»	22	»	2631	05	»	»	19	Parat....	Lavaur.	»	»	23	»
17	»	»	22	»	»	»	22	»	1859	»	»	Avril..	23	Bellegarrigue...	Cette.	»	»	23	»
18	»	Avril...	30	»	»	Avril..	30	»	1846	50	»	Mai...	2	Lucien...	Clermont.	»	Avril..	30	»
19	»	»	30	»	»	»	30	»	1022	50	»	Juin..	7	Charles...	Lyon.	»	»	30	»
20	»	»	30	»	»	»	30	»	1340	»	»	»	9	Laffont...	Albi.	»	»	30	»
21	»	»	30	»	»	»	30	»	2165	»	»	Mai...	30	Joas......	Cahors.	»	»	30	»
22	»	»	30	»	»	»	30	»	1931	80	»	»	5	Alcide...	Perpignan	»	»	30	»
23	»	»	30	»	»	»	30	»	2451	20	»	Juin...	23	Gaston...	Bayonne.	»	»	30	»
24	»	»	30	»	»	»	30	»	2157	20	»	»	29	Teissié...	Castres.	»	»	30	»
25	»	Mai....	22	»	»	Mai...	22	»	2337	»	»	»	30	Bourrel..	Angoulême	»	Mai....	22	»
26	»	»	22	»	»	»	22	»	816	15	»	»	3	Parat....	Lavaur.	»	»	22	»
27	»	»	22	»	»	»	22	»	228	05	»	»	30	Bousquet.	Montauban.	»	»	22	»
28	»	»	22	»	»	»	22	»	2175	10	»	Juillet.	4	Bellegarrigue....	Cette.	»	»	22	»
29	»	»	22	»	»	»	22	»	1743	20	»	»	6	Bourrel..	Angoulême	»	»	22	»
30	»	»	22	»	»	»	22	»	2127	60	»	Juin...	10	Lucien...	Clermont.	»	»	22	»
31	»	»	22	»	»	»	22	»	1457	»	»	»	14	Laffont...	Albi.	»	»	22	»
32	»	»	22	»	»	»	22	»	1710	»	»	Août..	15	Bourrel..	Angoulême	»	»	22	»
33	»	»	22	»	»	»	22	»	3640	»	»	Juin...	20	Vernet...	Orléans.	»	»	22	»
34	»	Juin..	20	»	»	Juin...	20	»	2124	15	»	Juillet.	3	Gaston...	Bayonne.	»	Juin...	27	»
35	»	»	20	»	»	»	20	»	1168	20	»	»	10	Abel....	Dijon.	»	»	27	»
36	»	»	20	»	»	»	20	»	2137	90	»	Août..	6	Teissié...	Castres.	»	»	27	»
37	»	»	20	»	»	»	20	»	1017	15	»	»	8	Bousquet.	Montauban.	»	»	27	»
38	»	»	20	»	»	»	20	»	2169	10	»	»	11	Parat....	Lavaur.	»	»	27	»
39	»	»	20	»	»	»	20	»	1124	10	»	»	19	Salomon..	Bercy.	»	»	27	»

F. 74128 90

Total égal à celui présenté par le débit d'Effets à recevoir et d'Effets à payer.

Folios du journal	Balance de vérification du 1er janvier au 30 juin	DÉBIT		CRÉDIT		SOLDE DÉBITEUR		SOLDE CRÉDITEUR	
104	Denis, de Bordeaux......	35125	70	35125	70	......	..	......	..
104	Lyonnet, de Sedan........	17789	40	17789	»	......	40	......	..
104	Gusman, de Messine......	22710	20	22710	20	......	..	......	..
104	Leclerc, de Marseille......	6320	»	8933	75	......	..	2613	75
104	Teissié, de Castres........	7546	65	7546	65	......	..	......	..
106	Louis, du Hâvre..........	11210	»	23994	15	......	..	12784	15
106	Bernard, de Liverpool....	3897	30	35908	55	......	..	32011	25
106	Andréa, de Londres.......	22042	10	22042	10	......	..	......	..
106	Bousquet, de Montauban..	3922	80	3922	80	......	..	......	..
106	Parat, de Lavaur........	6598	70	5776	30	822	40	......	..
108	Bellegarrigue, de Cette...	6887	65	6887	65	......	..	......	..
108	Bourrel, d'Angoulême....	7354	10	7354	10	......	..	......	..
108	Lucien, de Clermont.....	8300	30	6191	80	2108	50	......	..
108	Alcide, de Perpignan.....	4724	»	4724	»	......	..	......	..
108	Gaston, de Bayonne.......	6512	80	6512	80	......	..	......	..
110	Abel, de Dijon...........	5334	65	5334	65	......	..	......	..
110	Laffont, d'Albi..........	4969	85	4648	10	321	75	......	..
110	Joas, de Cahors.........	7111	»	7111	»	......	..	......	..
110	Vernet, d'Orléans........	7226	65	7226	65	......	..	......	..
110	Salomon, de Bercy.......	5207	20	5207	20	......	..	......	..
112	Charles, de Lyon........	7295	»	5033	»	2260	»	......	..
112	Marchandises générales...	220031	90	99807	95	120223	95	......	..
112	Capital..................	......	..	106022	65	......	..	106022	65
112	Effets à recevoir........	64651	20	64651	20	......	..	......	..
114	Caisse...................	135688	85	150262	»	5426	85	......	..
114	Profits et Pertes........	15819	20	15819	20	......	..	......	..
114	Pierre...................	1200	»	1200	»	......	..	......	..
116	Paul.....................	900	»	900	»	......	..	......	..
116	Compte de dépen. personles.	1400	»	1400	»	......	..	......	..
116	Alric, banquier..........	64863	35	33563	35	31299	80	......	..
116	Alexis, de Marseille.......	......	..	9114	»	......	..	9114	»
118	Frais généraux..........	2000	»	2000	»	......	..	......	..
118	Effets à payer..........	9477	70	9477	70	......	..	......	..
118	Labarthe, de Marseille....	8971	10	8888	95	82	15	......	..
118	Lacaze, du Havre........	14789	60	14789	60	......	..	......	..
		747876	95	747876	95	162545	80	162545	80

BALANCE GÉNÉRALE OU INVENTAIRE

	Actif.					*Passif.*		
104	Lyonnet, de Sedan....	»	40	104	Leclerc, de Marseille..	2613	75
106	Parat, de Lavaur.....	822	40	106	Louis, du Havre......	12784	15
108	Lucien, de Clermont..	2108	50	106	Bernard, de Liverpool.	32011	25
110	Loffont, d'Albi.......	521	75	116	Alexis, de Marseille...	9114	»
112	Charles, de Lyon.....	2260	»				
116	Alric, banquier.......	31299	80				
118	Labarthe, de Marseille.	82	15				
	Débiteurs divers....F.	36895	»				
112	March. en magasin...	120223	95				
114	Caisse, fonds en caisse.	5426	83				
	Total général....	162545	80		Total général....	56523	15

RÉSUMÉ :

Actif...................	162545	80
Passif...................	56523	15
État.............	106022	65
Capital primitif......	100000	»

soit................................... 6022 65 pour bénéfice net.

Pour nous assurer de la parfaite exactitude de cet inventaire, nous totalisons le Passif, qui est de.................. 56523 15 avec le Capital nouveau, qui est de.................. 106022 65

et trouvant.. 162545 80

somme égale à celle produite par la *Balance de vérification*, nous en concluons que notre résumé est exact.

Lorsque le commerçant est en état de faillite, l'inventaire qu'il dresse prend le nom de Bilan ; et, dans ce cas, il y fait figurer tout ce qu'il possède comme objets mobiliers et immobiliers.

VOCABULAIRE

Notre désir étant de présenter, à l'élève, chaque article sous une forme partielle, de manière à lui permettre de se rendre complètement compte de la tenue des livres en partie double, nous avons pensé d'établir une sorte de *vocabulaire* à la suite duquel, sauf quelques rares exceptions, se trouvent passés tous les articles dont l'inscription est quotidienne dans le commerce; toutefois, nous ne croyons pas superflu de répéter ici que, dans la pratique, on groupe, sous une même date, tout ce qui est article de Caisse, achat et vente de marchandise.

A (¹)

Achat de marchandises au comptant	1
Achat de marchandises à terme	2
Achat de marchandises ¹/₂ au comptant, ¹/₂ en valeurs	3
Achat de marchandises en compte à ¹/₄, ¹/₂, etc. (Voyez *Compte de marchandises en participation*, page 40)	..
Avances de fonds	4
Agio. (Voyez *Frais d'agio*)	
Assurances sur la marchandise	5
Assurances contre l'incendie	6
Appointemennts. (Voyez *Honoraires*)	
Avarie sur la marchandise	..
Affrètement. (Voyez *Frais de transport sur la marchandise*)	7 ..

(¹) Ces numéros sont des numéros de série qui renvoient aux articles.

B

Billet qu'on reçoit en payement.................... 8
Billet dont on est endosseur et qu'on remet en payement... 9
Billet de soi-même qu'on remet en payement............. 10
Billet de soi-même et qu'on paye..................... 11
Billet qu'on négocie................................. 12
Billet qu'on escompte................................ 13
Billet impayé que l'on porte au crédit du banquier........ 14
Billet qu'on rembourse. (Voyez *Remboursement*)..........

C

Commission. (Voyez *Compte de commissions*, page 38......
Courtage... 15
Consignation. (Voyez *Marchandises en consignation*).......

D

Dividende qu'on reçoit.............................. 16
Dividende qu'on paye............................... 17
Dépenses personnelles du commerçant. (Voy. ce compte, p. 46)..
Dépenses diverses. (Voyez à la lettre F).............
Dépôt de marchandises. (Voy. *Marchandises en consignation*)..
Dépôt d'argent..................................... 18
Droits de douane................................... 19
Droits d'octroi..................................... 20

E

Encaissement....................................... 21

F

Faillite. (Voyez *Dividende*)........................
Frais de transport sur la marchandise................. 22
Frais de voyage.................................... 23
Frais de loyer..................................... 24
Frais d'impositions ou patentes...................... 24
Frais d'agio....................................... 25
Frais d'avocats, d'agréés, d'avoués.................. 26
Frais judiciaires. (Voyez *Frais d'avocats, d'avoués, etc*)....
Frais d'employés. (Voyez *Honoraires*)...............
Frêt. (Voyez *Frais de transport sur la Marchandise*)......

H

Honoraires... 27

— 137 —

I

Intérêts qu'on reçoit.........................   ⎫
Intérêts qu'on paye...........................   ⎪ *(Voyez*
Intérêts qu'on porte au crédit d'un correspondant ⎬ *Compte*
Intérêts qu'on porte au debit d'un correspondant. ⎭ *d'intérêts* page 31).

L

Loyer (Voyez *Frais de loyer*)........... ....

M

Marchandises en consignation. (Voyez ce compte, page 37).. ..
Marchandises avariées. (Voyez *Avarie sur la marchandise*).. ..
Marchandises contre remboursement. (Voyez *Achat de marchandises au comptant*........................ ..

N

Nolissement. (Voyez *Frais de transport sur la marchandise*). ..

O

Octroi (Voyez *Droits d'octroi*)........................ ..

P

Patente. (Voyez *Frais d'imposition*)...................... ..
Pour compte de marchandise (Voyez *Retour de marchandise*). ..
Payement d'un billet dont on est souscripteur. (Voyez nᵒ 11). ..
Payement d'un billet dont on n'est pas souscrip. (Voy. nᵒ 29). ..
Port de marchandises (Voyez *Frais de transport*.)......... ..
Pertes dans une faillite. (Voyez *Dividende*).............. ..

R

Retour de marchandise avec ou sans frais................ 28
Recouvrement. (Voyez *Encaissememt*)................. ..
Retour d'un billet. (Voyez *Billet impayé*)................ ..
Remboursement.................................... 29

V

Vente de marchandise au comptant. (Voyez *Achats*)......... ..
Vente de marchandise à terme. (Voyez *Achats*)............ ..

N° 1

Chez celui qui achète :

Du 10 janvier...

Marchandises générales à Caisse :
Pour la facture X.............. 500 » 500 »

Chez celui qui vend :

Du 10 janvier...

Caisse à Marchandises générales :
Pour vente au comptant........ 500 » 500 »

N° 2

Chez celui qui achète :

Du 10 janvier...

Marchandises générales à Pierre :
Pour sa facture du 2 courant.... 200 » 200 »

Chez celui qui vend ·

Paul, de...., à March. générales :
Pour ma facture de ce jour...... 200 » 200 »

N° 3

Chez celui qui achète :

Du 10 janvier...

Marchandises générales à Divers :
Pour acquit à la f^{re} Pierre, du 6 c^t.
A Caisse, ma remise espèces.... 250 »
A effets à payer, n° 6, mon billet
au 28 février................. 300 » 550 »

Chez celui qui vend :

Divers à Marchandises générales :
Caisse, espèces............... 250 »
Effets à recevoir, n° 6, sur Paris,
28 février................. 300 » 550 »

N° 4

Chez celui qui avance les fonds :

Du 10 janvier...

Paul, de..., à Caisse :
Pour mon avance de fonds....... 3000 » 3000 »

Chez celui qui les reçoit ·

Caisse, à Pierre, de..............
Pour son avance de fonds....... 3000 » 3000 »

N° 5	Du 10 janvier...				
Marchandises générales à Caisse :					
Pour prime d'assurances.........	67	90	67	90	

N° 6	Du 10 janvier...				
Frais généraux ou Profits et Pertes à Caisse :					
Payé pour la prime d'assurance					
contre l'incendie, 1er semestre.	24	60	24	60	

N° 7 — Les avaries se règlent ou par un rabais, ou par une remise espèce équivalente à l'évaluation de cette avarie.

Si l'avarie est peu importante, on en passe écriture par Profits et Pertes; du contraire, c'est par Marchandises générales.

Premier cas.

N° 1. Paul, de Paris, à Profits et Pertes :				
Pour rabais accordé sur sa fre.	12	20	12	20

ou

N° 2. Caisse à Profits et Pertes :				
Reçu de Paul, pour rabais sur				
sa facture du.............	12	20	12	20

Second cas

N° 3. Paul, de Paris, à March. générales :				
Rabais accordé à suite d'avarie				
sur son envoi du........	124	50	124	50

ou

N° 4. Caisse à March. générales :				
Montant de l'avarie sur l'envoi				
de Paul, de Paris........	124	50	124	50

Si c'est une Compagnie de transports ou un commissionnaire qui règle l'avarie, on en passe écriture, comme cela est indiqué aux numéros 2 et 4.

N° 8	Du 18 janvier...				
Effets à recevoir à Louis, de...,					
n° 1, son billet au 1er mars......	400	»	400	»	

N° 9	Du 10 janvier...				
Louis, de..., à Effets à recevoir :					
N° 1, sur... au 1er mars.	400	»	400	»	

No 10	Du 10 janvier...		
Louis, de..., à Effets à payer :			
No 2, mon billet au 15 mars.....	1500 »	1500	»

No 11	Du 10 janvier...		
Effets à payer à Caisse :			
Acquit au no 2, ordre Louis......	1500 »	1500	»

No 12	Du 10 janvier...		
Bernard, banquier, à Effets à recevoir :			
No 4, sur Rouen, au 20 mars.....	3000 »	3000	»

o 13	Du 10 janvier...		
Effets à recevoir à Caisse :			
Escompte au no 4, sur Rouen, au			
20 mars..................	3000 »	3000	»

No 14	Du 10 janvier...		
Paul, de Marseille, à Louis, de Paris :			
Ma traite no 5, impayée au 5 ct,			
avec frais de retour..........	1112 85	1112	85

No 15	Du 10 janvier...		
Marchandise générale à Caisse :			
Courtage, $1/_2$ % sur F. 2745 20..	13 75	13	75

No 16	Du 10 janvier...		
Caisse à Paul, de... :			
Pour 25 % de dividende sur F. 400.	100 »	100	»

No 17	Du 10 janvier...		
Louis, de..., à Caisse :			
Pour 25 % de dividende sur F. 400.	100 »	100	»

No 18	Du 10 janvier...		
Caisse à Paul, de...			
Pour son dépôt de ce jour......	6000 »	6000	»

N° 19   Du 10 janvier... |

Marchandises générales à Caisse :
    Droit de douane sur............. 2000 » | 2000 | »

N° 20   Du 10 janvier...

Marchandises générales à Caisse :
    Droits d'octroi sur............ 57 80 | 57 | 80

N° 21   Du 10 janvier...

Caisse à Pierre, ou Paul, ou à telle et telle
    chose :
      Reçu de..., ou reçu pour...... 500 » | 500 | »

N° 22   Affrètement, fret ou nolis, sont des mots synonymes qui signifient louage de navire. Or, comme les frais de louage doivent être supportés par la marchandise, parce qu'ils en augmentent d'autant le prix de revient, on passe ce fret par Marchandises, et il en est de même pour tout autres frais de transport.

           Du 10 janvier...

Marchandises générales à Caisse :
    Pour fret à 100 tonnes soufre... 1743 » | 1743 | »
           ou
    Pour frais de transport à....... 48 60 | 48 | 60

N° 23   Du 10 janvier...

(¹) Frais généraux ou Profits et Pertes à Caisse :
    Remis à M. X..., pour frais de
      voyage................... 400 » | 400 | »

N° 24   Comme les frais de voyage, les frais de loyers et de patente se passent par Frais généraux ou par Profits et Pertes.

(¹) Voyez page 31 ce qui est dit au sujet du Compte des frais généraux.

N° 25   Chez celui qui les paye :

Profits et Pertes à Caisse :
    Pour frais d'agio sur............ 42 20   42 | 20

        Chez celui qui les reçoit :

Caisse à Profits et Pertes :
    Pour frais d'agio sur............ 42 40   42 | 40

    Mais lorsque lesdits frais sont portés en compte, on les passe par le Débit ou Crédit de tel ou tel individu, comme

Profits et Pertes à Paul, de... :
    Pour, etc...

ou

Paul à Profits et Pertes :
    Pour, etc...

N° 26   Bien que toute partie qui succombe supporte les frais du procès, ceux d'avocat ou d'agréé restent à la charge respective de chaque partie et ne sont point, par conséquent, compris dans la liquidation des frais de procédure.

    Si le demandeur gagne le procès, il porte les frais de procédure au débit du défendeur : différemment, il les passe par Profits et Pertes, ainsi que les frais d'avocat ou d'agréé. Les frais d'avoué sont compris dans ceux de procédure.

    Le défendeur, qu'il gagne ou qu'il perde le procès, passe toujours les frais qu'il a par Profits et Pertes.

N° 27   Les honoraires d'un employé se passent, en principe, à son débit.

Du 30 janvier...

Pierre à Caisse :
    Pour ses appointements ou sur ses
      appointemenrs du............ 200 »   200 | »

    Mais quand vient l'inventaire, on porte à son crédit et par Profits et Pertes ou Frais généraux, une somme afférente à ses honoraires.

N° 28   Si le retour de la marchandise s'est opéré sans frais, on en débite simplement Marchandises générales par le crédit de l'individu qui les a renvoyées.

Du 31 janvier...

Marchandises générales à Paul..., de... :
    Pour celles de...... .... 783 10   783 | 10

Si, au contraire, le retour des marchandises a occasionné des frais, on débite Marchandises générales par Divers, qui sont : 1° l'individu qui les a renvoyées, et 2° Caisse qui a payé lesdits frais.

Du 31 janvier...

Marchandises générales à Divers :			
à Paul, de..., pour son retour de...	783 10		
à Caisse, frais sur ledit retour....	7 80	790	90

Si l'individu qui renvoie la marchandise paye lui-même les frais, mais pour votre compte, il vous débite de ces frais par Caisse, et vous, vous les ajoutez simplement à la somme de la marchandise.

N° 29   Vous débitez le tiré par Caisse, en ayant soin de bien préciser la somme du capital ainsi que celle des frais, s'il y en a.

Du 31 janvier...

Paul, de..., à Caisse :			
Remboursement du n° 10, impayé au 25 courant, avec frais, capital...................	300 »		
Frais de protêt et compte de retour.	8 10	308	10

APPENDICE

DE LA QUALITÉ DE COMMERÇANT

La qualité de commerçant, qui est bien caractérisée par le législateur, existe chez tout individu qui achète des denrées et des marchandises pour les revendre, soit en nature, soit après les avoir travaillées et mises en œuvre; ou même pour en louer simplement l'usage; toute entreprise de Manufacture, de commission, de transport par terre ou par eau; toute entreprise de fourniture, d'agences, bureaux d'affaires, établissements de ventes à l'encan, de spectacles publics; toute opération de banque, change et courtage; toutes les opérations des banques publiques; toutes obligations entre négociants, marchands et banquiers; entre toutes personnes, les lettres de change ou remises d'argent faites de place en place; toute entreprise de construction, et tous achats, ventes et reventes de bâtiments pour la navigation intérieure et extérieure; toutes expéditions maritimes; tout achat ou vente d'agrès, apparaux et avitaillements; tout affrétement, emprunt ou prêt à la grosse.

Comme conséquence de cette qualité, tout commerçant est tenu d'avoir un livre-journal qui

présente, jour par jour, ses dettes actives et
passives, les opérations de son commerce, ses négociations, acceptations ou endossements d'effets, et
généralement tout ce qu'il reçoit et paye, à
quelque titre que ce soit, et qui énonce, mois par
mois, les sommes employées à la dépense de sa
maison, le tout indépendamment des autres livres
usités dans le commerce, mais qui ne sont pas indis-
pensables; il est tenu de mettre en liasse toutes les
lettres qu'il reçoit et de copier sur un registre celles
qu'il envoie; il est tenu, en outre, de faire, tous les
ans, sous seing privé, un inventaire de ses effets
mobiliers et immobiliers et de ses dettes actives et
passives, et de le copier, année par année, sur un
registre à ce destiné.

Le législateur dit encore que les livres de commerce, régulièrement tenus, peuvent être admis par
le juge pour faire preuve entre commerçants pour
faits de commerce; mais il ajoute que, dans une
contestation entre un commerçant et un non-commerçant, les livres du commerçant ne peuvent servir
de preuve en sa faveur, parce que le non-commerçant n'en ayant point, il n'y a, pour le juge, aucun
moyen de contrôle. Toutefois, le non-commerçant
a le droit de les invoquer en sa faveur (art. 1329 du
Code civil); mais, dans ce cas, il ne peut les diviser,
c'est-à-dire se prévaloir de ce qui est en sa faveur et
rejeter ce qui lui est défavorable.

Tout commerçant qui cesse ses payements est en
état de faillite, et le jugement qui intervient après

cette cessation ne fait qu'en proclamer l'existence,
en mettant le failli dans l'impossibilité de tromper
les tiers qui, ignorant l'état de ses affaires, pourraient
lui ouvrir un crédit.

DES DROITS ET DEVOIRS DU PORTEUR D'UNE LETTRE
DE CHANGE OU BILLET A ORDRE ET DE LA
PRESCRIPTION.

Le porteur d'une lettre de change ou billet à
ordre a le droit d'en exiger le payement le jour de
son échéance ; mais si le titre n'est pas payé le
lendemain, jour de rigueur, ce droit lui impose
l'obligation, sous peine de perdre la garantie des
endosseurs, de le faire protester faute de payement.

Si, après le protêt faute de payement, le porteur
n'est pas remboursé, il a encore l'obligation de
donner une assignation en payement du capital et
frais du titre dans les quinze jours qui suivent la
notification du protêt.

Si le porteur ne se conforme pas aux obligations
sus-indiquées, il perd la garantie des endosseurs et
n'a plus recours que contre le tiré.

Tous billets à ordre et lettres de change souscrits
par des négociants, marchands ou banquiers, ou
pour faits de commerce, se prescrivent par cinq ans
à courir du lendemain de l'échéance ; toutefois, si,
avant l'expiration des cinq années, un acte juridique

est donné, le délai de cinq ans recommence à courir du jour de la notification dudit acte.

Tous billets à ordre qui ne sont pas souscrits par des commerçants et pour faits de commerce ne sont prescriptibles que par trente ans.

DES TRIBUNAUX DE COMMERCE ET DE LEUR COMPÉTENCE

Les tribunaux de commerce étant une juridiction pour ainsi dire exceptionnelle, leur compétence est déterminée par trois choses, savoir : l'attribution, la situation du tribunal et la compétence du ressort.

La compétence d'attribution révèle si l'affaire doit ou non être portée devant la juridiction commerciale.

La situation du tribunal indique devant quel tribunal de commerce l'affaire doit être portée.

La compétence du ressort détermine si la sentence rendue peut ou non être frappée d'appel.

Il résulte, de ce qui précède, que les tribunaux de commerce ne peuvent connaître que des affaires commerciales ou réputées telles; que, suivant les conventions particulières des parties, tel justiciable peut être distrait de ses juges naturels, et, enfin, que jusqu'à une somme déterminée, lesdits tribunaux jugent en dernier ressort.

Les tribunaux de commerce connaissent comme

juges d'appel, et en dernier ressort, des sentences rendues par le conseil de *Prud'hommes ;* ils jugent également en dernier ressort, toutes demandes dont le principal n'excède pas 1,500 fr., toutes demandes reconventionnelles ou en compensation, lors même que, réunies à la demande principale, elles excéderaient 1,500 fr.

BORDEREAU DE CRÉANCE A PRÉSENTER DANS UNE FAILLITE

Quand un commerçant est déclaré en état de faillite, le greffier du tribunal de commerce, conformément à la loi, donne avis aux créanciers, soit par lettre, soit par la voie des journaux, d'avoir, dans le délai de vingt jours, à remettre au greffe du tribunal, ou au syndic de la faillite, leurs bordereaux de créances.

Pour les créanciers domiciliés en France, mais hors du lieu où siége le tribunal saisi de l'instruction de la faillite, ce délai de vingt jours est augmenté d'un jour par 50 kilomètres de distance entre le lieu où siége le tribunal et le domicile du créancier. Si la créance est par titres, le créancier doit les joindre au bordereau ; si, au contraire, elle est par compte, il doit donner ce compte conformément à ses livres.

Le bordereau doit être écrit sur papier timbré ; il

doit être daté et signé par le créancier ou un fondé de pouvoir, et contenir la mention suivante : *Je certifie le présent bordereau sincère et véritable :*

Modèle

DOIT   M. Pierre, négociant à Paris, à Paul, du Havre.   AVOIR

18..	Mai, 7, ma fre de ce jour..	300	»	18.. Mai, 10, son b/ au 15 août.	300	»
»	Juin, 9, dito	580	»	» Juin, 20, dito	580	»
		880	»		880	»
	Pour son billet impayé au 15 août..	300	»			
	dito au 30 nov. avec frais.	585	75			
	Doit.........Fr.	885	75			

Je certifie le présent bordereau sincère et véritable.

Le Havre, le 29 décembre 18..

JEAN

Modèle de procuration (¹)

Je, soussigné, Paul Dominique, négociant, demeurant à Paris, 22, rue du Sentier,

Donne par la présente procuration, à M. Louis Laffont, négociant, 16, rue Tupin, à Lyon,

Le pouvoir de, pour moi et en mon nom, me représenter dans la faillite du sieur Alexis Bernard, négociant, 12, quai Saint-Antoine, à Lyon, et dans laquelle je suis créancier pour une somme de 1,000 fr.; d'assister à toutes réunions de créanciers; de former toute opposition; de signer ou refuser de signer le concordat; en un mot, faire tout ce qu'il jugera convenable dans mes intérêts, promettant d'avoir le tout pour agréable.

Paris, le 15 juin mil huit cent...

PAUL DOMINIQUE.

Depuis la loi sur le décime, une procuration ne peut être générale; il en faut une spéciale pour chaque objet, et comme en définitive le fond de la rédaction est toujours le même, le modèle donné ci-haut peut s'appliquer à cinquante, en ayant soin de bien préciser l'objet pour lequel elle est donnée.

(¹) Cette procuration doit être faite sur papier timbré et enregistrée.

Modèle d'acte de société en nom collectif

Entre les soussignés,

Michel Paul, demeurant à Paris, 7, rue de la Chaussée-d'Antin, d'une part, et Maurice Lucas, demeurant à Rouen, 16, rue d'Elbeuf, d'autre part,

Il a été convenu et arrêté ce qui suit :

Art. 1er. Les soussignés constituent une Société en nom collectif ayant pour objet le commerce de droguerie.

Art. 2. Ladite Société est constituée pour une durée de neuf ans, qui commenceront à courir le premier janvier prochain et qui finiront le trente et un décembre mil huit cent...

Art. 3. Le siége de la Société est établi, 12, rue Sainte-Croix-de-la-Bretonnerie, à Paris.

Art. 4. La raison sociale sera : M. Paul et M. Lucas.

Art. 5. Le capital de la Société est fixé à la somme de quatre-vingt mille francs.

Art. 6. M. Paul s'engage à mettre en commun la somme de cinquante mille francs, dont vingt mille seront versés le premier janvier prochain, vingt mille le vingt-huit février et dix mille le quinze mars suivant.

Art. 7. M. Lucas s'engage à mettre en commun la somme de trente mille francs qui sera versée le vingt janvier prochain.

Art. 8. Aucun des associés n'aura le droit de retirer une partie de son versement avant l'expiration de la Société.

Art. 9. Les profits et les pertes seront répartis par moitié.

Art. 10. Chaque associé aura droit à un intérêt de cinq pour cent par an sur sa mise de fonds, et comme provision ils prélèveront chacun une somme de trois cents francs par mois, lesquelles, à l'inventaire, seront passées par Profits et Pertes.

Art. 11. Les soussignés auront chacun la signature sociale dont ils n'useront que pour les besoins de la Société; ils seront tenus d'employer tout leur temps, leur soins et leur industrie à la prospérité de la maison; ils s'interdissent de faire le commerce, de quelque manière que ce soit, autrement que pour le compte de la Société.

Art. 12. Il sera fait, tous les ans, un inventaire exact et fidèle de tout ce qui composera la fortune de la Société, et alors aura lieu, entre les associés, le partage des bénéfices et des pertes dans les proportions fixées dans l'art. 9.

Art. 13. Si l'un des associés venait à décéder avant l'expiration du présent acte de Société, le survivant procéderait immédiatement à la liquidation de la maison, et, la liquidation terminée, il serait comptable aux héritiers de la somme revenant au défunt.

Art. 14. La valeur du matériel de la maison sera, tous les ans, diminué de dix pour cent.

Art. 15. A l'expiration de la Société, le matériel sera prisé à une somme dé... et comme au prix fixé, il ne pourrait être plutôt la propriété de l'un que de l'autre des soussignés, il sera tiré au sort et restera la propriété du gagnant, moyennant le payement du prix fixé.

Fait en double, à Paris, le vingt-cinq décembre mil huit cent...

Michel PAUL.   Maurice LUCAS.

DU CHÈQUE

Le chèque est un bon de banque détaché d'un livre à souche et qui, dans le commerce, passe aujourd'hui comme une véritable monnaie fiduciaire. Conséquemment le chèque est essentiellement à vue et au porteur.

La partie droite, qui constitue le chèque, se détache au filet noir; et la partie gauche, sur laquelle on met un numéro de série, la date, la somme et l'ordre, constitue la souche.

Modèle :

<table>
<tr>
<td>

N° 1
Date, 25 déc. 1873
Somme 2,000
Ordre moi-même.

</td>
<td>

PASCAL frères
banque et recouvrements
16, place de la Bourse
BORDEAUX

</td>
<td>

B. P. F. 2,000

A vue, veuillez payer sur ce présent chèque, à l'ordre de moi-même, la somme de deux mille francs, valeur en compte.

Bordeaux, 25 décembre 1873.

PIERRE.

</td>
</tr>
</table>

DE LA CORRESPONDANCE COMMERCIALE

Le mérite d'une lettre d'affaires est de dire clairement ce qu'il faut et rien de plus. On doit entrer en matière sans préambule, passer d'un article à l'autre sans transition, parce qu'il faut plus s'occuper des choses que de la manière de les dire.

Exemple :

Paris, 25 décembre 1873.

Monsieur Paul, négociant, 6, cours des Fossés
Bordeaux.

Les verts de montagne que vous venez de m'expédier
n'étant pas conformes à l'échantillon type, je vous les laisse
pour compte .

J'attends avec impatience votre envoi gomme.

Quel prix faites-vous les poivres ?

Où en est l'affaire Brunet ?

Tout à vous,
JACQUES.

FIN

TABLE DES MATIÈRES

	Pages
Des titres de commerce	8
De la tenue des livres en général	13
Du livre-journal et des livres auxiliaires	14
Tenue des livres en partie simple	17
Application de ces principes	17
Inventaire établi sur la partie simple	27
Tenue des livres en partie double	29
Compte-courant d'intérêt	32
Compte d'intérêts proprement dit	34
Compte de March. en consignation ou commission	36
Compte de Commissions	38
Compte de Marchandises en société ou participation	40
Compte de dépenses personnelles du commerçant	46
Compte de voyage	49
Compte de Débiteurs divers	53
De la balance en général	56
Balance de Compte dite particulière	56
Balance de sortie	56
Balance d'entrée	58
Balance de vérification	58
Balance générale	59
Manière de solder chaque compte en particulier	60
Compte d'individus	60
Compte de Marchandises générales	60
Compte de Caisse	62
Compte d'Effets à payer	64
Compte d'Effets à recevoir	64
Compte de Frais généraux	64
Compte personnel du commerçant	64
Compte d'Intérêts	64

	Pages
Compte de Commission	66
Compte de Marchandises en consignation	66
Compte de Profits et Pertes	66
Compte de Capital	66
Manière de dresser et solder un compte de liquidation.	67
Observations générales sur la tenue des livres en partie double	69
Application des principes de la tenue des livres en double	71
Livre d'achats	71
Livre de ventes	75
Main-courante	81
Livre-journal	91
Grand-livre	103
Livre de caisse	123
Carnet d'échéance	129
Livre de numéros	130
Balance de vérification	133
Balance générale	134
Vocabulaire	135
Appendice	145
De la qualité de commerçant	145
Droits et devoirs du porteur d'un titre de commerce et de la prescription de ces titres	147
Des tribunaux de commerce et de leur compétence	148
Bordereau de créance à produire dans une faillite	149
Modèle de procuration	151
Modèle d'acte de société en nom collectif	152
Du chèque	154
De la correspondance commerciale	154

LIBRAIRIE

A. DURAND ET PEDONE LAURIEL

rue Cujas, 9 (ancienne rue des Grès)

EXTRAIT DU CATALOGUE DE JURISPRUDENCE

ALLARD (A.), professeur à la Faculté de droit, Université de Gand. — *Histoire de la justice criminelle au seizième siècle.* Ouvrage couronné par l'Institut de France, 1868, gr. in-8o ... 9f »c

ALLEYNNES (Van G.), juge au tribunal de première instance à Bruges. — *Traité théorique et pratique de la garantie des vices rédhibitoires dans les ventes et échanges d'animaux domestiques.* 1811, Bruxelles 5 50

APPLETON (Ch.), avocat au barreau de Charolles. — *De la possession et des actions possessoires.* 1 vol. in-8o .... 6 »

BARAFORT (M.-F.), président de chambre à la cour d'appel de Lyon, etc. — *Des partages d'ascendants et des modifications à introduire dans la loi sur cette matière à propos de l'enquête agricole.* 1870, in-8o 3 50

BEAUNY DE RÉCY (René), docteur en droit, premier commis de la direction des Domaines de la Seine. — *Théorie de l'expropriation pour cause d'utilité publique avec une introduction historique.* 1 vol. in-8o 4 50

BÉDARRIDE (J.), avocat près la cour d'appel d'Aix, etc., etc. — *Commentaire de la loi du 24 juillet 1867 sur les Sociétés en commandite par actions, anonymes et coopératives.* 1871, 2 vol. in-8o .... 16 »

BELIME (W), professeur à la Faculté de droit de Dijon. — *Philosophie du droit ou cours d'introduction à la science du droit.* 3e édition, 2 vol. in-8o .... 16 »

BONNE (Ch.), docteur en droit. — *Éducation et enseignement.* — Morale, économie sociale, législation usuelle. Broch. in-8o .... 1 »

Les principes sociaux. — Nécessité d'enseigner les notions fondamentales de l'économie sociale et industrielle à tous les citoyens .... 1 »

BONNET (J.), avocat à la Cour d'appel de Paris. — *Mes souvenirs du barreau depuis 1804.* 1 vol. in-8o .... 5 »

BOUDOT-CHALLAYE (M.). — *Études sur les institutions sociales et politiques modernes*, considérées dans leurs rapports avec la propriété et l'agriculture. 4 vol. in-8o 1868 1870. 20 »

Doléances et vœux manifestés par les élections de 1869. — in-8o 1870 .... 4 »

Le 5 mai 1789 et le 5 mai 1869. — États généraux. — Corps législatif. 1869, in-8o .... 2 »

Protestation contre les fausses interprétations des votes du 8 mai 1870. — Le gallicanisme et l'ultramontanisme politiques. — Les assemblées primaires de 1870. — Le plébiscite de 1870. in-8o, 1870 .... 4 »

Les élections du 2 juillet 1871. — Continuation de l'oppression de la France par les minorités. — Son avenir. 1871, in-8º.. 2f »c

La crise suprême de la France. — A l'Assemblée nationale constituante. In-8º.. 2 »

BRAAS (Ad.), vice-président du tribunal civil de Namur. — *Théorie légale des actes sous seing privé.* Bruxelles 1870. in-8º... 6 »

BRAYER et A. TAULIER. — *Répertoire électoral ou Code pratique des élections.* In-8º.. 2 50

CALVO (Charles), membre correspondant de l'Institut de France. — *Droit international, théorique et pratique, d'Europe et d'Amérique,* précédé d'un exposé historique des progrès de la science du droit des gens. 2e édition, augmentée et corrigée. Paris, 1870, 2 vol. grand-in-8º.. 50 »
  Le tome Ier, contenant l'*Etat de paix,* se vend séparément. 15 »

CARPENTIER (Ch.). Etudes de législations comparées. — *Le Droit payen et le droit chrétien.* 1866-1868, 4 vol. in-12.... 10 25
  Chaque étude se vend séparément.

CASANOVA (Ludovico), prof.—*Del diritto internazionale, lezioni,* 2a edizione, diligentemente riveduta e corretta dal prof. avv. Cesare Cabella e dall' avv. G. B. Cironi, 2 vol. in-8º. *Firenze,* 1870....................................... 10 »
  Del diritto costituzionale, lezioni, 2a édizione, diligentemente riveduta e corretta dal prof. avv. Cesare Cabella e dall' avv. G. B. Cironi. 2 vol. in-8º. *Firenze,* 1669....... 10 »

CAUMONT (Aldrick), avocat, prof. de droit commercial. — *Dictionnaire universel du Droit maritime au point de vue commercial, administratif et pénal, ou répertoire méthodique et alphabétique de législation, doctrine et jurisprudence nautiques,* avec de nombreuses tables spéciales et une table finale, générale et raisonnée de toutes les matières. 1889, 1 vol. grand in-8º, sur 2 colonnes....... 25 »
  Droit économique ou philosophie du travail. 1871, in-8º...... 2 »

CHAIX, chef du contentieux au Crédit lyonnais. — *Quelques solutions dont la connaissance est utile aux banquiers et aux commerçants.* In-32, 1870................................. 3 50

DANIEL (le p. Ch.), de la compagnie de Jésus. — *Le mariage chrétien et le Code Napoléon.* In-8º........................... 3 »

DELOYNES (P), professeur agrégé. — *Les octrois et les budgets municipaux.* 1871, in-8º.. 3 »

DEMOLOMBE (C.), doyen de la Faculté de droit de Caen, etc. — *Cours de Code Napoléon.* T I à XXVI, in-8º........... 208 »
  Chaque volume se vend séparément................... 8 »

DESJARDINS (Arthur), premier avocat général près la Cour d'appel d'Aix. — *Etats généraux (1355-1614);* leur influence sur le gouvernement et la législation du pays. In-8º 8 »
  La nouvelle organisation judiciaire (étude sur deux projets de loi soumis à l'Assemblée nationale). Broch. in-8º.... 1 »
  Dictionnaire théorique et pratique des justices de paix, des tribunaux de simple police et d'instruction criminelle, publié sous la direction de M. Paul Dupont. 2 vol. in-8º, 1870.. 15 »
  Etudes sur l'impôt direct, les assurances foncières, etc. 1872, in-8º... 3 »

FIORE (Pasquale), professeur du droit des gens à l'Université de Pise. — *Nouveau droit international,* publié suivant les besoins de la civilisation moderne, traduit de l'italien et annoté par Pradier-Fodéré, avocat et professeur de droit public. 1868 1869, 2 vol. in-8º............. 15 »

FRÉMONT (A.), conseiller à la cour d'appel d'Orléans. — *La surveillance de la haute police, de l'état de sa suppression et des moyens d'y suppléer*. 2ᵉ édition. 1870, in-8º ..... 2f »c

FRESQUET (R. de), professeur à la Faculté de droit d'Aix — *Des abordages maritimes*, commentaire des articles 407, 435 § 3, 436 du Code de commerce. In-8º ..... 2 »

Précis du cours de droit commercial professé à la Faculté d'Aix 7 50

GARBOULEAU, docteur en droit. — *Le parti conservateur et la situation actuelle*. In-8º, 1871 ..... » 50

L'Assemblée constituante, la République et le parti conservateur. In-8º, 1870 ..... » 50

GARCIA DE LA VEGA (D. de). *Guide pratique des agents politiques du ministère des affaires étrangères*, cérémonial de la cour de Belgique. Bruxelles, 1867, in-8º ..... 10 »

GIDE (P.), agrégé à la Faculté de droit de Paris. — *Etude sur la condition privée de la femme, dans le droit ancien et moderne, et en particulier sur le sénatus-consulte Velléien*. 1867, gr. in-8º ..... 8 »

GIRON (A.), juge au tribunal civil de Bruxelles. — *Essai sur le droit communal de la Belgique*. 1 vol. in-8º 5 50

HOFFMANN (J.-B.), procureur du roi à Malines. — *Traité théorique et pratique des questions préjudicielles en matière répressives selon le droit français*, précédé d'un exposé dans la même forme, de l'action publique et de l'action civile considérées séparément et dans leurs rapports mutuels. Ouvrage adapté à la législation belge, et contenant, outre la doctrine et la jurisprudence française, un résumé méthodique et séparé de la jurisprudence belge, de 1814 à 1864, sur ces matières. 1865-1879, 3 vol. in-8º.. 12 »

HUBERSON (G.), rédacteur à la préfecture de la Seine. — *Textes organiques du droit public français*. Tome Iᵉʳ, Lois de l'Etat. 1ʳᵉ partie, Droit constitutionnel. 1870, in-8º .... 4 »

JANNET (Ch.), avocat à la cour d'Aix. — *L'internationale et la question sociale*. In-8º ..... » 75

Les résultats du partage forcé des successions en Provence. In-8º, 1871 ..... 2 50

LABOULAYE (Éd.). *D. Justiniani Institutionum libri IV*. 1872, in-32 ..... 2 »

LARICHE (L.-E.-A.), docteur en droit. — *Explication des Institutes de Justinien*, contenant : une introduction historique à l'étude du droit romain. — La traduction et l'explication des Institutes de Justinien et des Institutes de Gaïus. — La traduction et l'explication des textes les plus importants du Digeste, du Code et des Novelles. Tome Iᵉʳ. Explication des livres I et II des Institutes. — Tome IIᵉ. Explication des livres III et IV des Institutes. 1866-1869. 2 vol. in-8º ..... 18 »

NOTA. — Chaque volume se vend séparément.

Le tome Iᵉʳ ..... 9 »

La 1ʳᵉ partie du tome II (seule parue) ..... 4 »

LAURENT (F.), professeur à l'Université de Gand. — *Principes de droit civil*. 6 vol. in-8º ..... 54 »

N.-B. — Chaque volume se vend séparément ..... 9 »

LEROUX DE BRETAGNE (A.), conseiller à la Cour de cassation, membre de la haute Cour de justice. — *Nouveau traité de la prescription en matière civile*. 2 vol. in-8º, 1869 ..... 15 »

LESUEUR DE PÉRÈS (A.), conseiller à la Cour d'Agen. — *Les commissions mixtes et la magistrature en 1852*. Brochure in-8º ..... 1 »

L'exposé des motifs de M. Dufaure et les commissions mixtes.
Broch. in-8°... 1^f »c

LIPPENS (H.), avocat près la Cour d'appel de Gand. — *Exposé
du système de la législation civile sur les droits dont les
étrangers jouissent en Belgique*, Gand, 1871, in-8°........ 6 50

LOISEL (F.), ingénieur civil, etc. — *Législation et jurisprudence des chemins de fer belges.* Chemins de fer, expro-
priations, Sociétés anonymes (1835-1870. — Annuaire
spécial des chemins de fer belges (1868 et 1869), et
Guide du porteur d'obligations et d'actions amortissa-
bles (1870-1890). 1871, in-8°.............................. 12 »

MAYNZ (Ch.), prof. de droit à l'Université de Bruxelles. —
Eléments de droit romain, 3e édit. revue et augmentée.
1870, 2 vol. in-8°.. 20 »
      N.-B. — Le tome III, pouvant servir aux éditions
précédentes se vendra séparément............................ 10 »

MONTLUC (L.-A. de), avocat à la Cour d'appel de Paris. —
*Des assurances sur la vie, dans leur rapport avec les prin-
cipes du droit civil, du droit commercial et des lois de
l'enregistrement.* 1 vol. in-8°............................. 7 »

NEYREMAND (de), conseiller à la Cour d'appel de Colmar. —
De la nécessité de réprimer l'ivresse. 1870, in-18......... 1 25
Questions sur la chasse, 2e édition revue et considérable-
ment augmentée. In-18, 1871................................. 3 50

PACIFICI-MAZZONI (Em.). *Codice civile italiano commentato con
la legge romana, le sentenze dei dottori e la giurisprudenza.*
2° ediz. Firenze, 1870, 2 vol, in-8°....................... 20 »
      Chaque volume se vend séparément.
Tomo 1°, Della distinzione dei boni, della proprietà et
delle modificazioni della proprietà ed in specie dell
usufrutto uso ed abitazione. 1 vol. in-8°................... 10 »
Tomo 2°. Delle servitù legali. 1 vol. in-8°................. 10 »
Instituzioni di diritto civile italiano. 2° ediz. Firenze, 1871.
2 vol. in-8°... 20 »
      Chaque volume se vend séparément.
Tomo 2°, libro 1. Delle personne. 1 vol. in-8°............. 10 »
      Le tomo 1° est sous presse.

PLOCQUE (Alfred), docteur en droit, avocat à la Cour d'appel
de Paris. — *De la mer et de la navigation maritime.* 1870,
in-8°.. 7 50

PRADIER-FODÉRÉ (P.), professeur de droit public. — *Principes
généraux de droit, de politique et de législation.* — Droit.
— Droit naturel. — Droit positif. — Législation. — Droit
civil. — Droit commercial. — Droit de procédure. —
Droit public. — Droit politique ou constitutionnel. —
Législation politique comparée. — Droit administratif.
— Droit administratif comparé. — Droit criminel. —
Droit des gens. 1899, in-8°................................ 7 50

PRINS et PERGAMENI, avocats près la Cour d'appel de
Bruxelles. — *Instruction criminelle.* — *Réforme de
l'instruction préparatoire en Belgique.* In-8°, 1871....... 5 »

RAMBAUD (J.-L.), docteur en droit, etc., etc. — *Manuel de
droit romain* ou Questionnaire nouveau et complet sur
les Institutes de Justinien et de Gaïus, les règles, les
sentences, etc., etc., du Digeste et du Code, etc., etc.
1872, 2 vol. in-18.. 10 »
      Chaque volume se vend séparément.
Tome I (cours de 1re année). Tome II (cours de 2e année). 5 »

RAVELET (Ar.), avocat à la cour d'appel de Paris. — *Code
manuel de la presse,* comprenant toutes les lois sur l'im-

primerie, la librairie, la presse périodique, etc., etc.
2e édition. 1872, 1 vol. in-18 .... 2f »c

REY (P.), auteur du Traité de la propriété des mines. —
Commentaire de la loi du 21 avril 1810 sur les mines,
précédé de réflexions sur les vicissitudes de l'état présent des doctrines en cette matière. 1870, in-8º .... 13 »

ROBERNIER (de), président de chambre à la Cour d'appel de
Montpellier. — *Précis sur l'institution d'un patronage
légal des jeunes libérés*. 1870, in-12 .... 2 50

ROUSSET (R.), juge à Marseille. — *Science nouvelle des lois*. —
Principes, méthodes et formules suivant lesquels les lois
doivent être conçues, rédigées et codifiées. 2 vol. in-8º,
1871 .... 16 »

SAVIGNY (de). *Traité de la Possession*. 7e édition, publiée
d'après les notes laissées par l'auteur et augmentée d'un
appendice sur l'état actuel de la doctrine, traduit de
l'allemand, par H. Staedller, professeur à la Faculté de
droit de Louvain. 1870, in-8º .... 12 »

SORBET (J.-P.), ancien commissaire central et départemental.
— *Dictionnaire formulaire des commissaires de police*.
2e édition. 1870, 1 vol. in-8º .... 5 »

TAULIER (A.) avocat près la Cour d'appel de Grenoble. —
*Code de l'organisation et des attributions des conseils
généraux*. 1871. in-8º 2 25

UBICINI (A.). *Les Constitutions de l'Europe orientale*. —
Constitution de la principauté de Serbie annotée et
expliquée. 1 vol. in-18 .... 3 »

VERLET DU MESNIL (E.), ancien magistrat. — *Etude sur les
frais de justice criminelle et le décret du 18 juin 1811*.
1 vol. in-8º, 1872 .... 6 »

WETTER (P. Van), professeur à l'Université de Gand. —
*Cours élémentaire de droit romain, contenant la législa-
tion de Justinien, avec l'histoire externe et interne
du droit romain*. Gand, 1871 2 vol. in-8º .... 28 »

WODON (Léon), juge d'instruction de l'arrondissement de
Namur. — *Traité des choses publiques en général et des
droits qui en dérivent*. Bruxelles, 1870, in-8º 7 50

Bordeaux. — Imp. Duverdier et Cie (Durand, direct., rue Gouvion, 7

9 782019 957315